ALGÉRIE.

EXAMEN DE LA COLONISATION

AU POINT DE VUE PRATIQUE.

ALGÉRIE.

EXAMEN DE LA COLONISATION

AU POINT DE VUE PRATIQUE,

PAR

M. Marcellin DE BONNAL.

> La conquête de l'Afrique est à mes yeux la plus grande entreprise qui se soit offerte depuis longtemps à la France, qui a le sentiment et le besoin des grandes choses ; et, selon moi, tous ceux qui se consacrent à cette noble tâche ont bien mérité de la patrie.
>
> *Mgr. le duc d'Orléans.*

PARIS,

IMPRIMERIE ADMINISTRATIVE DE PAUL DUPONT,

RUE DE GRENELLE-SAINT-HONORÉ, Nº 55.

1847

A Monsieur Dumon,

Ministre des Travaux Publics.

<hr>

Monsieur le Ministre,

Si j'ai acquis quelques connaissances dans le vaste domaine de l'administration, c'est aux bienveillants conseils de votre science en droit administratif, dans sa jurisprudence et son application que je les dois. Je vous prie, dès lors, de vouloir bien agréer l'hommage de cet opuscule sur les questions algériennes actuellement à l'étude, et d'un si haut intérêt pour l'avenir de nos possessions du nord de l'Afrique.

Au moment où les chambres vont s'occuper sérieusement de ces questions, et où le Gouvernement aura à proposer et à défendre un plan général de colonisation d'où résultera, pour l'Algérie, un élan définitif et prolongé dans l'avenir, il importe, en effet, que les bases de ce premier point de départ soient nettement posées, profondément mûries, surtout vraies au point de vue pratique. Il faut, à tout prix, éviter les retours et les tâtonnements une fois l'œuvre commencée.

Maintenant, je dois le dire, non pour m'en faire un mérite, mais pour constater un fait, très-peu de personnes savent à fond les questions de colonisation algérienne sous leur rapport praticable, le seul sérieux. Des gens à théories en parlent ; des voyageurs proposent leurs systèmes sous le coup d'impressions prises au vol : il m'a semblé qu'un homme ayant appartenu au Ministère du commerce et de l'agriculture ; qui, durant plusieurs années, avait laborieusement médité la haute administration française dans un comité du conseil d'Etat ; qui, avec cette somme de connaissances acquises, a été plus tard en Algérie chef, par intérim, des sections du personnel des services civils, de la colonisation, des travaux publics et du commerce, pouvait apporter dans les projets élaborés quelques lumières réelles. J'ai donc cru me rendre utile au Gouvernement en abordant avec franchise toutes les questions en débat. Je l'ai fait sans restriction, afin que le Ministère connût bien tous les éléments dont il va faire usage ; mais, dans le but de n'éclairer que lui et de ne point initier les discussions de parti dans le fort et le faible des choses d'Afrique, ce qui pouvait gêner la libre action du pouvoir, cette brochure n'a été tirée qu'à un très-petit nombre d'exemplaires. Elle restera ainsi renfermée dans le sein du Conseil, où elle pourra, je l'espère, rendre quelques services à la cause de nos magnifiques possessions françaises de l'Algérie.

J'ai l'honneur d'être, avec un profond respect,

Monsieur le Ministre ,

Votre très-humble et très-obéissant serviteur,

Marcellin DE BONNAL.

Paris, 28 janvier 1847.

SOMMAIRE.

Système de la Colonisation militaire, par **M. le Maréchal Duc d'Isly**;

Système de la Colonisation par les capitalistes, de **M. le Lieutenant général de Lamoricière**;

Exposé de la Colonisation pratique.

I.

AGRICULTURE, INDUSTRIE, COMMERCE,

Avant d'entrer dans l'examen des divers systèmes de colonisation de l'Algérie actuellement en essai ou en projet d'exécution, qu'il nous soit permis d'établir nettement la situation de la Colonie, sous le rapport des conditions principales dans lesquelles s'accomplira son avenir.

Dans l'ordre des faits appartenant au domaine de l'économie politique des Etats et des Colonies, il est des principes, des lois de développement tout aussi rigoureusement mathématiques qu'en algèbre et en géométrie. C'est ainsi que la production des matières premières où l'agriculture et, par extension, l'industrie agricole doivent précéder la manufacture ou la transformation de la matière première en objets propres à l'usage, ce qui constitue l'industrie proprement dite. Le commerce ou la mise en circulation des matières brutes et des produits manufacturés ne vient qu'en troisième ligne, parce qu'il est la conséquence des deux premières conditions de son existence dont précède l'indication. Dès lors, en premier lieu l'agriculture, puis l'industrie et, en définitive, le commerce.

Intervertir cet ordre logique de faits, ce serait évidemment s'exposer à une perturbation fâcheuse dans l'Etat et rompre un équilibre intrà et extrà national que les Gouvernements doivent chercher à maintenir par tous les moyens possibles, s'ils ne veulent pas exposer leur pays aux chances de toute situation anormale, à un temps d'arrêt nécessaire au bout d'une certaine période et, aussitôt après, à un appauvrissement rapide.

Expliquons-nous, car cet Exposé se rattache d'une manière intime à l'état actuel des choses en Algérie, et aux lois de développement par lesquelles s'accomplira sa destinée sociale. Un pays comme la France, qui est essentiellement agricole, s'il se bornait à produire des matières premières, subsisterait, mais ne s'enrichirait jamais. Il resterait stationnaire parce que la production des matières premières trouve ses limites dans l'étendue topographique du sol, dans les bornes dès lors de sa plus grande fécondité qui, quels que soient les perfectionnements agricoles, a un terme en maximum qu'il devient impossible de franchir, par ce motif bien simple que l'étendue d'un territoire et sa puissance de rendement ne sont point illimitées.

Un Etat, au contraire, qui, à l'égal de l'Angleterre, produirait relativement peu de matières premières, mais qui les acquerrait à l'étranger et se livrerait à leur manufacture, loin de rester stationnaire prendrait un rapide essor, étendrait démesurément les limites de sa richesse et de sa prépondérance, par cet autre motif non moins vrai que la puissance du travail est illimitée, puisqu'elle ressort du génie de l'homme et que la plus grande valeur des matières premières leur vient de la main-d'œuvre, de leur appropriation à la consommation, science métaphysique pour ainsi dire qui n'a pas plus de bornes que les goûts variables du consommateur, et que la profonde souplesse des arts à suivre ces goûts pas à pas, à les faire naître et à les diriger pour les satisfaire. La science de la manufacture ou de l'industrie consiste à produire avec le moins de temps, au moindre prix, avec le plus de goût et de perfectionnement. Or, ces diverses conditions n'ont pas un seul terme qui puisse commander un temps d'arrêt, car les ressources d'une civilisation ascendante sont sans mesure, l'humanité découvre chaque jour et peut indéfiniment améliorer ses moyens d'action. D'un autre côté, la plus-value que la manufacture donne aux matières premières constituant leur plus grande valeur, cette valeur tendant à s'accroître de toute la diminution dans les prix de revient et la science que comporte la main-d'œuvre sous les inspirations du génie n'étant pas chose matérielle, il en résulte que les Etats manufacturiers peuvent indéfiniment s'enrichir, que les plus grands profits sont pour eux et que leur puissance politique ne saurait comporter en principe aucune limite appréciable.

Mais viennent prendre place ici des considérations fort graves contre un état de choses aussi imprudemment exclusif.

Que la nation dont il s'agit, l'Angleterre, puisque nous venons d'en parler, absorbe les matières premières des Etats exclusivement agricoles, les transforme et domine le monde par sa manufacture, c'est là une brillante position ; mais elle n'est et ne peut être que transitoire. Elle n'est que passagère parce qu'il lui faut des débouchés suffisants, et que des débouchés constamment ouverts impliquent une stagnation perpétuelle dans les pays consommateurs, encore arriérés dans les arts industriels de toute nature.

Cette stagnation n'existe point et ne saurait être admise. Toutes les nations qui commencent par produire la matière première tendent à la manufacturer et à jouir du bénéfice de sa main-d'œuvre. Elles se perfectionnent graduellement et finissent par se suffire ; interviennent des lois de douanes protectrices et, dès lors, ces anciens centres de consommation ne constituent plus que de minces débouchés. Plus tard ils exportent, et le débouché d'autrefois devient un concurrent dangereux. C'est la position prise par l'Association allemande, les États-Unis, la France et la Belgique contre l'Angleterre ; et tous les Etats d'Europe tendent à conquérir un égal niveau.

Arrive donc un moment où une puissance exclusivement industrielle périclite comme celle qui se borne à l'agriculture, et où elles sont anéanties par les nations qui produisent simultanément la matière première et la manufacturent.

Les Etats uniquement livrés au commerce et au grand commerce maritime, à l'égal des anciennes républiques italiennes, des Villes Anséatiques et de la Hollande, peuvent prospérer de leur côté dans l'enfance des autres nations, comme au moyen âge par exemple ; mais, de même que les lois naturelles veulent qu'un État, dans de solides conditions d'avenir, produise et manufacture tout à la fois, sa propension normale est encore de faire par lui-même le commerce dans le but de jouir du bénéfice de tout ce qu'il y a de plus grand dans l'ordre des faits qui nous occupent, et qu'on pourrait appeler, non pas commerce, mais politique de la consommation.

Ainsi, tôt ou tard, il ne restera que peu de chose à faire

pour les peuples qui ne produiront que dans l'une des conditions ci-dessus analysées, et que leur position topographique ou d'autres causes tiendront éloignés de ces trois éléments de grandeur en simultanéité d'action : l'agriculture, l'industrie, le commerce.

Cependant l'Algérie a commencé par faire le commerce ; puis elle s'est livrée à un industrialisme désastreux, et l'agriculture est restée dans l'oubli. Nous savons les causes de cet état de choses et nous les dirons plus tard. Pour le moment, il nous importe de demander que les possessions d'Afrique soient ramenées à l'ordre logique de production que nous venons d'analyser ; mais, avant d'aborder les diverses questions de colonisation appelées à réaliser ces fins, répondons à une objection qu'on ne manquera pas de nous faire.

L'Afrique française, peut-on dire, n'est qu'une colonie, et le propre des colonies est de produire les matières premières seulement et de consommer les produits manufacturés de la métropole, qui se dédommage, par ces débouchés, des sacrifices que lui impose son territoire d'outre-mer.

Nous répondrons que l'Angleterre, par exemple, ne considère ses colonies qu'à l'égal de simples débouchés ; qu'elle ne fait rien pour elles et dans leur intérêt propre ; qu'elle les excite à consommer, les use, les assimile au nègre sacrifié à un maître et que, dès lors, leur avenir lui est fort indifférent. Pourvu que ces colonies lui fournissent à bas prix des matières premières ; qu'elles acceptent en échange ses produits manufacturés, le reste la préoccupe médiocrement. Mais aussi, tôt ou tard ces colonies deviennent-elles des nations indépendantes et, qui plus est, des rivales d'autant plus dangereuses que leur première ennemie est la nation mère.

D'un autre côté, il est peut-être possible de soutenir, à un point de vue égoïste, que les colonies doivent se borner à produire les matières et à consommer les produits manufacturés de leur dominatrice, si elles se trouvent à de grandes distances du continent, dans un milieu encore barbare, où le progrès moral marchera avec une extrême lenteur et où, par suite, le moment final de l'émancipation sera fort éloigné.

Mais l'Algérie ne se trouve point placée dans cette dernière condition ; puis, d'ailleurs, il faut la soustraire à la péripétie de l'indépendance et de sa séparation ultérieure de la mère-patrie ; car, si les choses tournaient différemment, la France lui aurait été sacrifiée.

L'Algérie touche aux portes de sa métropole dont elle n'est éloignée que de trente-cinq heures ; elle en est donc un faubourg. D'un autre côté, elle borde la Méditerranée sur une étendue de côtes qu'on peut évaluer à deux cents lieues. Or, qu'on ne le perde pas de vue, cette mer est le foyer central de toutes les civilisations dans le passé ; elles tendent toutes à y revenir ; chaque peuple y cherche des ports, car ils comprennent instinctivement que la vapeur et les chemins de fer l'animeront un jour de toute la vie commerciale qui aura déserté l'Océan. Alors elle formera un vaste bassin ou plutôt un dock immense dans lequel trois mondes auront leurs portes ouvertes pour y échanger leurs produits respectifs et se fortifier de leurs richesses mutuelles. Qu'on le remarque encore, l'Algérie appelée à servir de débouché sur la Méditerranée aux productions de l'Afrique, destinée à introduire dans l'intérieur de ce continent les produits européens, deviendra le siége d'un mouvement gigantesque qui la grandira rapidement au point de vue matériel, de même que sous le rapport moral et, d'autant plus, que ses populations ne cesseront jamais d'avoir, pour ainsi dire, un pied sur l'Afrique et l'autre sur l'Europe.

L'Algérie naît dans un milieu fort avancé, et les diverses considérations qui précèdent prouvent qu'elle ne peut être assimilée à une colonie ordinaire : elles démontrent en définitive qu'elle est appelée à constituer un Etat complet et qu'on ne saurait la maintenir longtemps dans les simples conditions de la production agricole. Par la nature et la position topographique de son territoire, elle doit produire des matières premières, mais fort heureusement la plupart de celles que la France importe de l'étranger ; parce qu'elle produira et sera populeuse, elle devra manufacturer ; sa position entre trois mondes la forcera au commerce. Dans de telles conditions, ce que nous craignons pour notre compte ce n'est pas l'abandon de l'Algérie par la France, mais l'émancipation algérienne en moins d'un siècle, si on n'agit prudemment.

En conséquence, le seul parti à prendre, c'est l'assimilation en principe, non encore d'une manière effective, de l'Algérie à la France ; c'est de ne donner qu'un nom, qu'une origine, qu'une nationalité aux deux Etats ; c'est d'acheminer sans entraves nos possessions d'Afrique vers cette prospérité progressivement stable qui résulte de l'essor combiné des intérêts de l'agriculture, de l'industrie et du commerce ; c'est, en un mot, de ne pas hésiter à accorder en temps opportun, et à mesure

que cette contrée grandira, les institutions métropolitaines et
les droits publics que réclamera pour ses populations l'état d'a-
vancement du pays.

En suivant l'ordre logique des principes que nous venons de
poser sommairement, il y a lieu d'examiner d'abord les divers
systèmes ayant pour but la production du sol par l'agriculture; ce qui nous amène à aborder la question de colonisation
militaire. Lorsque nous aurons démontré l'imprudence d'un
tel essai et l'impossibilité de sa réussite, nous exposerons, au
point de vue pratique, les divers systèmes de colonisation civile,
après avoir toutefois prouvé que la colonisation par les capitalistes constitue une tentative illusoire, ce qui nous conduira à
insister pour que l'Etat lui-même opère le peuplement, question qui les domine toutes.

II.

EXAMEN DE LA COLONISATION MILITAIRE EN ALGÉRIE.

Il est un principe en Algérie qui les domine tous, de même que dans chaque colonie naissante : le peuplement ! C'est de là que doivent partir nos vues ; c'est là qu'elles doivent tendre dès l'origine. Peupler : c'est créer des besoins ; c'est placer des consommateurs dans la nécessité de les satisfaire ; c'est donner au producteur, par la main-d'œuvre, la possibilité de produire ; c'est, dès lors, transformer le sol et obtenir la matière première par l'agriculture, qui doit naître avec tout peuple nouveau. Par le peuplement, se constituent des centres de population où l'industrie et le commerce trouvent plus tard leur siége ; mais, pour le moment et dès leur origine, ils représentent une somme d'intérêts suffisants pour mériter de la part de l'Administration l'exécution de grands travaux publics, comme routes, ponts, aqueducs, etc. ; d'où il résulte que l'Autorité les entreprend pour eux, tandis qu'elle ne les réaliserait pas en vue d'intérêts privés et isolés, quelque grands qu'ils pussent être. En outre, les vastes propriétés existantes deviennent exploitables, et les capitaux, aidés par une masse de bras assez forte pour amener la réduction du prix de main-d'œuvre, peuvent aborder les travaux agricoles avec toute plénitude d'action.

Si donc le peuplement est la condition première de la production, voyons sur quelles bases repose celle-ci. La production émane rigoureusement de l'agriculture, de l'industrie et du commerce. Or, il s'agit d'examiner quel mode de peuplement vient le mieux en aide à la synthèse productive que forment ces trois sources de richesse ; mais, comme la colonisation militaire a pour but la défense autant que la production, nous sommes encore amenés à traiter la question sous ce double point de vue.

En conséquence, nous devons nous dire : la colonisation civile renferme-t-elle les conditions désirables pour la défense et la production? La colonisation militaire lui est-elle supérieure dans la réalisation de ces deux fins? Nous allons plus loin : le dernier mode est-il praticable en Algérie avec les soldats de la France? Le budget de l'Etat peut-il seul, dans les conditions onéreuses de son emploi par l'autorité militaire, tenter une œuvre de cette importance et de cette durée?

Il résulte des discours, des écrits de M. le Maréchal Duc d'Isly et du *Moniteur algérien* du 4 juin 1845, que son système a pour but le peuplement et la production sous le triple rapport de l'agriculture, de l'industrie et du commerce ; que ce système réalisera dans les zones de l'intérieur un état de choses égal, pour le moins, en avantages économiques et politiques, à ce qui sera pratiqué civilement sur le littoral ; qu'en dix ans, cent mille hommes se trouveront implantés sur ce territoire et coûteront 350 millions à l'Etat ; qu'ils assureront la défense du côté des indigènes et permettront une réduction notable dans l'effectif de l'armée.

Examinons. — En ce qui concerne la première question, peuplement et production, nous ferons observer que vouloir peupler, c'est vouloir constituer la famille ; que produire agricolement, industriellement, commercialement, c'est promettre toutes les garanties légales qu'exigent des éléments aussi susceptibles et qui tiennent au cœur humain par le plus puissant de ses mobiles d'action : l'intérêt matériel ; de même que ses devoirs de famille sont liés au plus grave, au plus délicat, au plus saint de ses intérêts moraux : la liberté absolue de volonté en face des siens. Voilà donc le régime militaire, avec son omnipotence indispensable, aux prises avec les deux données les plus délicates de l'organisation de l'homme et de la société : l'intérêt de famille, les intérêts matériels de toute espèce. Ce qui doit rigoureusement ne dépendre que des institutions est, dès lors, passivement soumis aux volontés et aux caprices d'un seul ; d'un seul qui varie et qui, par sa nature et sa position, doit commander en maître, être obéi sans observation.

A coup sûr, le seigneur féodal avait moins de droit sur ses vassaux : car ceux-ci n'étaient que des serfs, ne possédant rien en propre ; tandis que le colon militaire sera propriétaire incommutable du sol, et ne se trouvera point libre des actions par lesquelles se manifestent, d'une part, les droits de propriété, et, en outre, ceux de citoyen d'un Etat indépendant. Il sera donc chef de famille de nom, et un autre, non la société, le sera de fait. On le place dans la catégorie de ces producteurs pour lesquels notre civilisation a écrit le Code des lois, et l'ensemble de ses intérêts dépendra de la volonté d'un lieutenant ou d'un capitaine. Ce n'est pas que nous entendions attaquer par là la valeur morale des officiers de l'armée ; mais nous voulons démontrer qu'on ne doit jamais remplacer les prescriptions uniformes et générales des institutions législatives par le régime de la volonté individuelle. Ainsi, il est bien avéré que rien, de notre temps, n'exige plus d'indépendance que la qualité du chef de famille, incompatible, dès lors, avec les exigences des servitudes militaires ; que rien ne demande plus de garanties sociales que les intérêts matériels dans leurs données si diverses, et qu'un chef militaire ne saurait être efficacement substitué à des prescriptions écrites appliquées par des corps indépendants.

Qu'on ne le perde pas de vue : les colons militaires se rappelleront toujours les institutions de la mère-patrie, ses garanties, ses libertés sagement tempérées par la loi. Ils garderont souvenir de l'état de leur famille originelle et des règles d'après lesquelles étaient régis leurs intérêts de toute nature. Ils se le rappelleront d'autant plus, qu'ils resteront militaires et se trouveront placés plus en dehors de cet ordre de faits. Ils se le rappelleront bien davantage si, sous cette hiérarchie, ils sont eux-mêmes chefs de famille et propriétaires sans indépendance, soumis à une volonté arbitraire.

En définitive, ils oublieront d'autant moins la possibilité d'une position meilleure, qu'à quelques pas derrière eux, sur le littoral, se déploieront des populations administrées civilement, qui, en outre, les écraseront de tous les avantages d'une concurrence sur la production placée dans des conditions meilleures, jouissant de tous les priviléges, de toutes les garanties de la vie civile avec ses tribunaux et sa législation fondée sur le droit commun. Ainsi, nul doute que les besoins de la famille et les exigences de l'intérêt privé ne dépeupleraient bientôt cette colonie militaire malgré l'attrait de la propriété.

Puis, qu'on y songe, car tout doit être apprécié, l'homme peut oublier bien des choses, abjurer bien des religions ; mais il n'abdique jamais la civilisation au sein de laquelle il est né quand celle-ci les domine toutes. Or, si les colons militaires pouvaient s'accommoder du régime exceptionnel d'après lequel ils seraient enrégimentés pendant trois ans, et du régime des territoires mixtes aussitôt après, ils renonceraient positivement à leur civilisation native, ce qui nous semble impossible.

La colonisation militaire des frontières de Hongrie, celle de la Russie méridionale sont faciles à comprendre : d'une part, le soldat n'est pas colon ; de l'autre, soldats et paysans appartiennent dans toute la limite de l'empire au régime despotique, ce qui, dans la colonie militaire, ne change pas leur position.

Il paraît donc épineux de vouloir organiser une société civile avec les soldats de la France, sous l'empire des institutions russes ou autrichiennes, car le régime militaire est, à peu de chose près, le même partout.

Nous avons énoncé les difficultés inhérentes à la conservation de la famille, mais nous pouvions prendre la question plus près de sa racine. Le peuplement, c'est-à-dire la constitution de la famille, serait-il possible ? Il ne s'agit pas de jeter dix mille hommes par an sur le sol, il faut les marier. Aujourd'hui, malgré la paix, les jeunes gens placés dans les cadres de la réserve ne se marient que difficilement, surtout s'ils ne possèdent rien et sont privés de la chance de se faire remplacer. Or, un soldat ayant encore trois ans de service à courir dans un pays où il sera exposé au double danger du climat et de la guerre, soumis à l'expiration de son congé à des obligations militaires d'une durée illimitée peut-être, menaçant chaque jour sa vie, trouvera-t-il une femme convenable ? Dix mille soldats trouveront-ils dix mille femmes quelque peu garanties par leur éducation de famille, et celles-ci les accorderont-elles ? Cependant ces dix mille soldats, tant pour échapper au service actif que pour devenir propriétaires, se marieront ; mais comment ? Dès lors, quels ménages n'aurez-vous pas dans vos centres de populations? La morale permet-elle un tel essai de mœurs?

Vient maintenant la question de savoir comment seront réglées les transmissions de propriété après décès des colons. En supposant que tout jusqu'ici aille pour le mieux, ce qu'on ne peut admettre, surviennent en ce moment des inconvénients presque insurmontables. Le système de peuplement dont il s'agit ayant pour but la défense, et le chiffre de cent hommes étant jugé nécessaire pour chaque village, dans le cas où, après une expédition, et, d'ailleurs, par suite de maladies, dix, trente hommes manqueraient à l'effectif d'un centre, que deviendraient et leurs veuves et leurs enfants? Il serait cependant indispensable de remplacer les décédés, car la question de défense le prescrirait. Mais, outre que les veuves ne pourraient se remarier avant dix mois, on ne pourrait après ce terme les contraindre à contracter une alliance nouvelle. On ne pourrait pas davantage les expulser de leurs propriétés et de la colonie militaire. Il faudrait donc les y admettre dans une position qui, sous plus d'un rapport, deviendrait dangereuse à l'ordre général, à la morale et à la défense commune. D'un autre côté, comment seraient exploitées leurs concessions? Elles ne le seraient point par des manouvriers : car ceux-ci n'accepteraient les charges de la colonie militaire que pour un titre de propriété. D'ailleurs, ces veuves n'auraient pas les ressources nécessaires pour faire travailler leurs terres, le capital de chaque famille résidant dans ses bras; et, en définitive, on ne défrichera jamais l'Algérie à l'aide d'une main-d'œuvre rétribuée.

Mettant de côté cette difficulté, on peut nous dire : afin d'obvier à l'inconvénient d'une diminution dans l'effectif de la défense, par supplément aux mille hectares affectés aux cent colons militaires, nous aurons une réserve de cinq cents hectares, par exemple, destinée à un allotissement en faveur de cinquante hommes appelés à remplacer les manquants.

On doit faire remarquer qu'un territoire de mille hectares est déjà fort étendu pour que, d'un centre commun, l'agriculteur puisse avantageusement exploiter ses terres, alors qu'elles sont situées à la limite de la circonscription territoriale; qu'agrandir cette circonscription, c'est compliquer la difficulté. Dans les villages civils, cet inconvénient disparaît par suite des constructions qu'il est loisible aux colons d'asseoir sur leurs dix hectares; mais un village militaire doit concentrer ses populations et ne peut faire des établissements isolés.

L'obligation d'un service rigoureux imposée aux colons suit-elle leur concession après décès ? La question de défense porte à l'affirmative. Dans ce cas, vous repoussez les colons civils et les transactions immobilières avant bien des années. Les colons civils qui, seuls, posséderaient des ressources suffisantes pour acquérir les terres mises en valeur, ne se présenteront pas. Par là disparaît le concours des capitaux. C'était cependant cette modification qui, selon nous, tendait seule à délivrer la colonie militaire de l'embarras dans lequel la jetteront les veuves sans nuire à celles-ci ; car vous ne sauriez leur substituer des soldats sans ressources qui ne pourraient les indemniser ; d'ailleurs, la concession doit être gratuite pour le militaire. D'un autre côté, renvoyer les veuves sur le territoire civil avec une concession quelconque, ce serait imposer une double charge à l'Etat pour une seule famille qui, du reste, ne se trouverait point constituée. Puis, la colonisation civile ne fait et ne peut faire des concessions qu'aux familles ayant des chefs. On ne peut pas admettre encore que les veuves et leurs enfants seront renvoyés après indemnité préalable imputée sur un fonds commun de réserve formé sur la production générale du village militaire ; cette colonie se ruinerait rapidement.

Ainsi, d'une part, la création de la famille n'est pas possible dans la colonie militaire et, par suite, échoue le peuplement ; de l'autre, le régime militaire, quelque parfait qu'il soit, est antipathique aux besoins de l'agriculture, de l'industrie et du commerce, ou bien la France pouvait se passer du Code des lois rédigé pour eux. Cependant, en dehors du peuplement, du commerce, de l'industrie et de l'agriculture, nous ne savons pas de production possible et d'Etat constituable.

Si la colonisation militaire avait pour but de placer des soldats dans des centres stratégiques ; de les y faire produire dans la mesure de certains besoins fort restreints, en vue de dégrever le budget, nous dirions, d'un côté, que ce moyen dépasserait en frais l'économie obtenue, et qu'en second lieu on se bornerait par là à constituer des forts sans faire de la colonisation réelle.

En Russie, ce n'est pas le soldat qui colonise et produit, ce sont les populations de paysans au milieu desquelles il est entretenu.

Maintenant, abordons ce système sous le point de vue de sa

réalisation matérielle. Est-il possible, en dix ans, de jeter cent mille hommes sur le sol et de les y installer.

D'après cette première donnée de cent mille hommes et de dix ans, il faut placer dix mille colons chaque année. Chaque village se composera de cent soldats, ce qui porte à cent le nombre des centres qn'il y aura lieu de créer. Se rend-on bien compte de ce que cent villages à constituer nécessitent d'études préalables et de travaux effectifs?

En premier lieu, il faudrait arpenter pour ces cent villages, à raison de mille hectares chacun, cent mille hectares; il faudrait déplacer la population indigène et lui trouver des compensations ; il faudrait chercher et choisir les emplacements des centres ; comprendre d'avance et au milieu de cette précipitation exclusive des faits accomplis qui vous guident, les intérêts créés et à venir qu'ils pourraient développer et dont ils devraient devenir le siége après les avoir fait naître ; il faudrait préalablement ouvrir les routes principales débouchant d'un centre commun et se bifurquant ensuite pour aboutir à chaque poste séparément; il faudrait en ouvrir encore de transversales pour relier directement entre eux ces cent villages. Il faudrait élever des murailles avec fossés autour de chacun d'eux, c'est-à-dire, qu'il y aurait lieu d'enceindre environ quinze hectares par village, chiffre voulu ; il faudrait exécuter tous les travaux relatifs aux eaux et amener celles-ci dans les centres lorsqu'elles ne s'y trouveraient pas, ce qui arrive le plus souvent, et construire les fontaines après les aqueducs, les ponts, les barrages, etc. Il faudrait élever cent maisons dans chaque village, c'est à dire dix mille habitations appropriées à l'état d'agriculteur, cela chaque année, sans compter les constructions communes, celles destinées aux autorités, les magasins, les hôpitaux, les églises, les écoles, etc. Il faudrait faire tout cela en un an !

Eh bien ! les quatre-vingt mille hommes de l'armée d'Afrique, le corps de l'état-major et celui du génie seraient à peine suffisants pour accomplir cette œuvre gigantesque. Que deviendrait alors, pendant dix ans, la défense générale ?

Dans les observations qui précèdent, nous n'avons indiqué que les difficultés fondamentales et saillantes ; mais il en est une qu'on ne doit pas perdre de vue : la colonisation militaire dans l'intérieur est matériellement et moralement impossible à cause de la colonisation civile du littoral qui, d'une part, l'écraserait de sa concurrence, et, de l'autre, lui rendrait insupportable un régime exceptionnel en dehors de nos mœurs et de nos institutions.

En ce qui concerne la question de dépense, qu'il nous soit permis de le dire : on évalue à trois mille cinq cents francs l'allocation nécessaire pour chaque colon, ce qui porte l'ensemble des dépenses à trois cent cinquante millions de francs. Nous savons ce qu'il en coûte pour l'établissement d'un colon militaire, tout compte fait : Béni-Méred pourrait en fournir la preuve. Or, la dépense ne s'éloigne guère de sept mille francs chiffre double, ce qui porte à sept cents millions de francs le montant de la colonisation militaire. De telles charges à imposer au budget continental se réfutent d'elles-mêmes. La France ne peut évidemment engager son avenir pour des résultats qui se réduiraient à rien, comme on va le voir.

La colonisation réelle, celle qui peuple par la constitution de la famille, qui produit par les bases indestructibles de toute condition sociale, c'est-à-dire par l'agriculture, l'industrie et le commerce, cette colonisation veut le régime civil avec l'ensemble de ses institutions. Ce n'est point de l'autorité militaire qu'on peut jamais obtenir cette vaste organisation d'intérêts, et ce n'est pas un soldat ou quasi-soldat qui sera jamais un agriculteur, un industriel ou un négociant placé dans les conditions voulues pour obéir aux seules exigences de sa fortune et de la fortune publique.

L'armée peut préparer les éléments de la colonisation civile, ouvrir les routes, aider aux travaux d'art, créer des villages, opérer des défrichements, fournir des populations de colons. Ces populations seront excellentes dans l'intérieur, et offriront d'immenses avantages au peuplement civil. Familières avec le pays et ses peuples guerriers, elles disciplineront les villages et constitueront au milieu d'eux un noyau de commandement militaire civique.

Constatons un fait. Le soldat qui, dans l'hypothèse de la colonisation militaire, trois ans avant l'expiration de son congé, rentrerait en France pour s'y marier, astreint à revenir en Afrique, éprouverait pour sûr du regret à quitter de force sa patrie ; cela, pour jeter, non plus sa personne, mais une famille sous les règles d'une discipline militaire. Tandis que le soldat libéré qui connaîtra l'Algérie, après les premières émotions du congé, après son retour en France et son mariage volontaire, pensera fréquemment à l'Afrique comme tous ceux qui ont passé quelques années sous ce climat. Il se lassera certainement alors de l'existence d'un manouvrier, et n'hésitera pas à rentrer dans la colonie, stimulé par l'attrait de la propriété civilement garantie. Ces émigrations-là seront naturelles et n'auront rien d'artificiel comme celles que nous combattons.

Ainsi, d'après nous, l'armée doit se faire l'auxiliaire de la colonisation après avoir accompli la conquête; mais elle ne saurait coloniser par elle-même. Elle dispose d'immenses ressources, d'une grande puissance d'action pour les travaux publics; qu'elle les tourne vers l'accomplissement d'une œuvre gigantesque entreprise dans l'intérêt de la France. Pour créer un Etat nouveau, il ne faut pas moins que les débris d'un ou de plusieurs peuples, ou que les ressources d'une grande nation. Si donc il est si glorieux pour l'armée d'avoir conquis l'Afrique sur des barbares, il ne le serait pas moins pour elle d'avoir concouru à la conquérir sur le désert.

Mais, va-t-on nous dire, vos populations civiles seront impuissantes à contenir la puissance arabe, ce qui rend indispensable la colonisation militaire ou le maintien de l'armée, en Afrique, sur un pied formidable, ce qui tendrait à compromettre notre politique continentale. On se trompe. Selon nous, la population civile sera toujours suffisamment forte derrière ses murailles, parce que l'indigène craint les agglomérations de maisons et ne les attaque guère. Puis, le point capital pour la colonisation civile est de gagner l'intérieur en couvrant le pays de villages et de routes, c'est-à-dire de centres de consommation et d'échange, ainsi que de voies faciles à l'armée, ce qui en triple l'action; c'est d'englober le peuple arabe dans le réseau des grands chemins et des siéges de nos producteurs civils, afin de nous l'attacher par les intérêts matériels ou de l'anéantir par son fractionnement.

D'un autre côté, et qu'on le remarque, lorsqu'un système général de villages aura été entrepris vers les contrées du centre, dans le rayonnement des villes existantes ou de celles à créer, ces tentatives appuyées de forces suffisantes, il ne restera auprès de nous, soit en avant, soit en arrière, que des indigènes doués de bonnes intentions. Les autres n'hésiteront pas à se retirer, et, s'ils reviennent plus tard en armes, ce ne sera jamais que sur le front de la première ligne de villages. Ceux-ci seraient-ils déserts, qu'ils ne pénètreraient pas dans les mailles de leur classement intérieur. De semblables attaques n'offriraient donc aucun danger, puisqu'elles n'entameraient jamais les contrées déjà fertilisées. C'est ainsi que, par des empiétements successifs et d'autant plus rapides que le budget affecté à la colonisation serait plus considérable, on chasserait devant soi tout ce qui serait à craindre, et qu'on renfermerait dans la sphère coloniale les masses indigènes fatiguées de la guerre et, surtout, de la misère qu'elle a depuis longtemps jetée parmi elles.

C'est qu'en effet ces masses ne s'agitent que parce qu'un certain nombre d'hommes ardents les remue. Si on les plaçait à l'abri des coups de leurs nationaux; si les agitateurs disparaissaient; si, d'un autre côté, l'intérêt matériel les attirait dans notre camp, elles vivraient certainement en paix. Chez ce peuple fractionné en tribus et sans lien unitaire réel activement noué, soit par un homme, soit par un corps dirigeant; — Abd-el-Kader ne sera pas éternel, — où la nationalité se personnifie dans les cheiks et caïds, chefs immédiats et les seuls bien connus, l'influence d'un petit nombre d'individus est tout. Il n'y a ni gouvernement ni peuple : on ne trouve chez les Arabes qu'une espèce d'aristocratie déjà fort ébranlée. Les chefs hostiles étant expulsés des lieux où nous nous établirions, la masse qu'ils influencent resterait, car Abd-el-Kader lui-même n'a pu entraîner les populations arabes aux limites du désert pour les y fixer, et notre domination s'établirait d'elle-même.

Nous croyons qu'il est d'autant plus urgent de procéder ainsi, c'est-à-dire de placer les indigènes au milieu de nous, que, par-là, nous parachevons la conquête, en évitant d'abandonner les générations naissantes à la direction de l'ancien ordre de choses.

A coup sûr, et qu'on remarque ceci, dans les contrées que nous occuperons civilement et où les intérêts du commerce nous mettront en rapport journalier avec ce peuple, au bout de dix ans, de vingt ans au plus, c'est-à-dire à l'expiration du délai voulu pour l'accomplissement de la colonisation militaire, il sera peu nécessaire d'avoir sur le front des indigènes des populations de soldats pour les contenir; car la génération spectatrice de la conquête sera morte ou vieillie; car Abd-el-Kader, à cause de qui on semble tenter la colonisation militaire, pourra ne plus être; car les nouveaux indigènes se trouveront et auront toujours été dominés, depuis leur plus bas âge, par la puissance physique et surtout morale d'un fait accompli. Ainsi, alors que la colonisation militaire serait à même de défendre le littoral colonisé, il n'existerait plus d'attaques, et on aurait consacré trois cent cinquante millions à une situation transitoire ; à la peur d'un homme !

Il résulte de ce qui précède, que la colonisation militaire ne comporte pas la constitution de la famille; que, dès lors, le peuplement est impossible, vice capital ; que ce système, ne garantissant pas une latitude et une sécurité suffisantes aux intérêts matériels, les empêche de naître ou de prospérer ; que, par suite, le peuplement serait-il effectué, son résultat ne répondrait point au but immédiat qu'il doit atteindre, second obstacle ; que ce mode impose au trésor des charges supérieures à celles sollicitées par la colonisation civile et que celle-ci est cependant la seule praticable avec fruit; que la colonisation civile garantit tout aussi efficacement la défense et qu'elle aura pour résultat de subvenir, plus tard, aux dépenses de l'armée active par sa triple production ; que cette colonisation renferme cet avantage d'être dans nos mœurs, de reposer sur des données connues et de n'exiger aucune dérogation au droit public de la métropole; que la colonisation militaire s'impose comme une expérience à tenter, et que les expériences de trois cent cinquante millions de francs doivent renfermer plus de chances de succès.

Mais c'en est assez, pour le moment, sur ce système dont la réfutation sera complétée dans les chapitres consacrés à la colonisation civile.

Si nous connaissions le projet de loi ou d'ordonnance constitutif de la colonisation militaire, nous rendrions bien autrement saillantes nos objections en précisant les difficultés de son application pratique.

III.

COLONISATION PAR LES CAPITALISTES.

Examen de quelques questions préalables.

Nous avons dit dans notre premier chapitre que les lois rationnelles sur lesquelles repose logiquement le développement d'un Etat, et surtout d'une Colonie appelée à produire de riches matières premières, consistent à débuter par l'agriculture, à faire succéder l'industrie à celle-ci et à ne donner de l'action au commerce qu'en dernière ligne. Nous croyons avoir prouvé qu'il doit en être ainsi. Et il devrait d'autant plus en être ainsi pour le moment en Algérie, que cette contrée n'est encore qu'une colonie; qu'elle ne vit point d'elle-même; que son existence n'est que factice et que le seul rendement du sol peut lui constituer une valeur propre, une utilité incontestable pour l'Etat qui cherche à la féconder de son sang et de ses richesses.

Voyons maintenant si nos possessions d'Afrique marchent dans la voie de ces principes d'une rigoureuse nécessité d'application.

Va-t-on en Algérie pour faire de l'agriculture, pour fonder des établissements agricoles sérieux ? Non. Les capitalistes ne s'y rendent qu'afin de spéculer. Ils placent leurs fonds à dix, quinze, vingt et vingt-cinq pour cent ; achètent des propriétés rurales qu'ils laissent incultes pour les revendre en temps opportun avec une plus-value considérable, ce qui grèvera plus tard l'agriculture réelle d'énormes charges ; ils acquièrent des maisons dans les villes et spéculent principalement sur les terrains à bâtir. Tel est, à cette heure, le rôle des capitalistes en Algérie. Il ne reste donc pour le travail des champs qu'une main-d'œuvre privée de ressources. Or, si dans l'industrie, si dans le commerce comme au jeu, avec peu de chose on peut arriver à de grands résultats, il n'en est pas de même en agriculture où la première condition, surtout dans un pays qu'il faut transformer de fond en comble, est la libre disposition d'un capital suffisant dont nous donnerons plus tard le chiffre.

Les motifs de cet état de choses, en ce qui concerne les capitalistes, sont du reste fort simples : l'industrie, de même que le commerce, basée sur la spéculation, présente toutes les chances inhérentes à ce dernier principe, dont les événements subits et le hasard déterminent les résultats. Ces résultats ruinent un homme en quelques jours ou l'enrichissent. Comme il est dans notre nature de ne voir jamais dans les chances du jeu que ses phases favorables ; que, d'un autre côté, ces résultats sont rapides et qu'en outre le capitaliste ne va guère en Afrique que pour amasser promptement de la fortune ;

Comme, en second lieu, l'agriculture ne réalise ses fins définitives que lentement ; qu'il faut beaucoup de peines, beaucoup de travaux pour constituer une valeur effective à des propriétés rurales ; comme celles-ci ne produisent rien d'inattendu et de subit, rien que de facile à prévoir, et qu'une longue attente est la conséquence forcée de ce genre d'opération ; comme les capitaux sont encore relativement rares ; que le capitaliste ne s'en dessaisit pour ainsi dire pas en les jetant au sein de la spéculation ; que l'agriculture les absorberait et pourrait ne pas les rendre ; que les regards du capitaliste sont incessamment tournés vers la France, il en résulte nécessairement qu'on délaisse l'agriculture quand déjà l'on possède et qu'il n'est pour le travail rural que des hommes sans ressources, que ceux ne pouvant procéder à leur bien-être d'une manière différente. Tout cela, du reste, est rationnel. On ne peut pas en vouloir au capitaliste de préférer en Algérie les belles chances de la spéculation, qui n'engagent presque pas sa fortune et qui, en quelques jours, peuvent la décupler, aux laborieux travaux des champs sur une terre inculte depuis des siècles et dans les conditions d'une main-d'œuvre hors de prix. Il importe à nos raisonnements ultérieurs de bien constater cet état de choses et de démontrer surtout qu'il est la conséquence du pur bon sens dans la conduite de ceux qui possèdent.

Comme nous l'avons dit, il ne reste donc pour l'œuvre rurale que des hommes sans ressources, ne possédant que le fécond capital de leurs bras. Et ce sont là pour le moment et dès le début les seuls colons réellement sérieux, les seuls qui ne se rendent point dans la colonie avec esprit de retour; les seuls appelés à composer la population permanente et définitive de l'Algérie pendant bien longtemps encore, ce que peut-être on n'a pas assez compris jusqu'à ce jour dans la pratique administrative de la colonisation.

Du reste, cet état de choses a ses motifs les plus intimes dans la nature même du cœur humain ; dans celle des objets de sa spéculation, soit agricole, soit industrielle, soit commerciale, et dans l'éducation que ces trois ordres de faits impriment au caractère de l'homme, sur le continent comme partout ailleurs. Le propre de l'agriculteur est de rester à poste fixe de même que ses champs. Il n'est donc pas naturel qu'un propriétaire aisé émigre de France pour se rendre en Algérie. Le propre de l'industriel, dans toutes les classes, est de chercher les meilleures conditions dans lesquelles peut être placée son industrie : de là, stabilité chez l'un, instabilité chez l'autre. Il serait donc naturel de voir des industriels sérieux arriver en Afrique; mais là où n'existe pas la matière première, où la main-d'œuvre est hors de prix, où les produits manufacturés abordent avec une valeur inférieure à la possibilité de production coloniale, l'industrie réelle ne peut s'établir. Ainsi, comme d'une part il n'est en Algérie que des agriculteurs dépourvus de ressources, et que l'exploitation du sol exige une première mise de fonds; comme les agriculteurs aisés du continent ne sauraient émigrer et n'émigrent pas, le territoire algérien, quoique d'une extrême richesse, reste infertile; d'un autre côté, aucune industrie ne pouvant s'établir dans la colonie en présence de la concurrence continentale, il n'est de possible en Algérie pour le moment, que le commerce alimenté par une immense consommation. Les exportations de France dans nos possessions barbaresques s'élèvent à quatre-vingt-dix-neuf millions de francs.

Or, ce commerce ne reposant pas sur la production du sol, n'émanant pas d'un élément attaché au territoire, il n'est que factice; car il suffirait d'un vote négatif des Chambres, en ce qui concerne le budget de l'armée, pour le faire disparaître du jour au lendemain. Et ces riches immeubles situés dans les villes déjà somptueuses de l'Algérie, qui produisent d'immenses revenus, n'auraient plus la moindre valeur, attendu que les champs sont nus et que les cités n'ont de fondements solides que lorsqu'elles s'appuient à la production territoriale. D'où il résulte encore qu'en Afrique, à cette heure, les bases de l'avenir sont fort restreintes, mal posées et fort peu garanties.

A qui la faute? Nous le disons sans détour, elle est aux Chambres. On ne saurait l'imputer au pouvoir exécutif, car il a parfaitement compris que la première condition pour l'Algérie était de produire; et, aussi, a-t-il fait dans la province d'Alger des tentatives de colonisation sur une vaste échelle. Mais pouvait-il donner à ses moyens d'action une étendue plus puissante que celle qui leur était propre? Les ressources budgétaires ne lui ont permis que de jalonner superficiellement un grand réseau colonial; que de poser la première pierre de ses villages abandonnés ensuite à la bonne volonté de colons intrépides il est vrai, mais dénués de tout, et qui ont fait des prodiges si l'on veut peser leurs ressources, tenir compte d'innombrables difficultés à surmonter et ne pas perdre de vue le délaissement moral dont les frappait le pouvoir législatif. Et la Chambre, avec un bon nombre de personnes haut placées, dira : qu'on se passe de budget pour la colonisation, à cette fin que l'administration ne reçoive que des colons pourvus de ressources ou des capitalistes.

Comme nous l'avons dit, des spéculateurs pourvus de capitaux, oui, on en aura tant qu'on voudra; il en arrive chaque jour dans la colonie, et beaucoup trop peut-être; car ils compliquent l'état anormal dans lequel on se trouve; car, avec la concurrence qui s'est établie entre eux pour achats de terrains dans les villes et leurs banlieues; pour l'acquisition de maisons, le commerce lui-même finira par y devenir impossible, tant seront onéreuses ses charges de toute nature. Les loyers sont infiniment plus élevés à Alger qu'à Paris. Mais des agriculteurs riches, on n'en obtiendra pas de longtemps, parce qu'il n'est pas dans leur nature de quitter le certain pour l'incertain ; parce que le sol n'a une valeur réelle pour les laboureurs que lorsqu'il produit ; qu'en France même ils n'entreprennent pas aisément de créer des propriétés sur les terres difficiles, et qu'ils n'émigreront jamais de la métropole pour aborder à une conquête, tant que ce pays n'aura pas pris sa place comme Etat dans tous les esprits et qu'il ne produira pas déjà.

Ainsi, d'une part, il faut accepter les colons agriculteurs de toute nature pourvu qu'ils soient valides, mais quelles que soient leurs ressources et leur nationalité, car l'indigence attache à la terre qui fait vivre et naturalise le cœur mieux que l'origine elle-même ; car l'une des premières conditions dans un pays vide et désert est le peuplement, afin de créer une main-d'œuvre à bas prix pour l'agriculture qui ne saurait s'en passer, et de constituer un peuple d'industriels algériens pour la manufacture qui sera la suite d'une production territoriale.

D'un autre côté, comme l'agriculture ne se fait pas sans ressources, et que les agriculteurs d'Algérie en sont nécessairement dépourvus ; comme l'intérêt le plus impérieux de la métropole est que cette colonie produise, l'Etat doit faire des sacrifices en faveur de la colonisation, c'est-à-dire de la chose réellement sérieuse et d'avenir. Et là est toute la question ; là est l'Algérie future, ainsi que le prompt dégrèvement pour la France des charges que lui impose notre colonie. Il faut que cette terre, si puissamment féconde, fournisse le plus tôt possible à la métropole les matières premières dont celle-ci s'approvisionne à l'étranger. Plus tard viendra l'industrie, et sur ces deux éléments s'établira un commerce vrai, progressivement stable. Mais, pour arriver à ces fins dignes et politiques, il faut des villages, des routes, des ponts, des desséchements, des plantations, des aqueducs, des défrichements, et, cependant, c'est à peine si le million est dépassé dans les allocations budgétaires affectées à la colonisation.

Que signifie le budget actuel en présence des charges qu'impose le peuplement d'une contrée représentant les deux tiers de la France, surtout si l'on considère qu'il s'agit de remuer ce pays pierre par pierre ; qu'il faut le rendre sur tous les points accessible ; que la main-d'œuvre y est exorbitante ; que le colon sérieux ne possède que son courage ; que tout le reste est spéculateur ; qu'un centre de population de cinquante feux, par exemple, coûte 250,000 francs, travaux de défense compris, qui absorbent la moitié de cette somme ; qu'en un mot les dépenses faites en Algérie, dans le domaine rural, le sont en faveur de la France.

Actuellement, avant d'aborder les questions de colonisation pratique, telles qu'elles ont reçu un commencement d'exécution, il nous reste à examiner le système le plus diamétralement opposé à la colonisation militaire ; celui qui consiste à ne faire un appel direct qu'aux capitalistes et dont la conception est due à M. le Lieutenant Général de Lamoricière.

IV.

SUITE A LA COLONISATION PAR LES CAPITALISTES.

Le *Moniteur algérien*, dans son numéro du 4 juin 1845, dont nous avons déjà parlé, publiait une note rédigée par M. le Lieutenant Général de Lamoricière sur la colonisation civile de l'Algérie. Cet Officier Général pensant qu'une tentative aussi vaste ne peut être accomplie par l'État ni par l'armée à sa solde, adoptait le principe de la transformation coloniale par l'élément civil. Mais, trop exclusivement préoccupé de la puissance des capitaux dans un pays dépeuplé, il ne faisait appel qu'aux capitalistes et demandait des subsides à la métropole, afin de les allouer en primes à ces capitaux. Ces primes devaient s'élever au quart des dépenses effectuées sur le territoire rural, et le chiffre en eût été déterminé par une commission après accomplissement définitif des travaux agricoles. Tel était sommairement le système. Il va recevoir en partie un commencement d'exécution dans la province d'Oran, ce qui nous porte à l'examiner au point de vue du principe. Nous analyserons après l'ordonnance royale du 3 décembre 1846, qui pose la première pierre de cet ordre d'idées.

Nous avons déjà dit et prouvé qu'il n'allait pas en Algérie

des hommes riches pour faire de l'agriculture ; que les capitaux devaient recevoir une autre destination ; que les colons
peu aisés étaient les seuls qui eussent la ferme intention d'exploiter le territoire, mus et encouragés par le sentiment nouveau pour eux de la propriété ; que la question du peuplement est d'un intérêt impérieux et qu'on devait adopter le
système qui, dans le plus bref délai et avec le plus d'économie
pour le trésor, réaliserait la fertilisation et la production algérienne.

Or, examinons le système de M. de Lamoricière. Les capitalistes ne pouvant procéder par eux-mêmes à l'exploitation rurale, puisqu'ils ne sont point agriculteurs, et que le seul spéculateur aura assez de hardiesse pour faire de semblables tentatives, ils seront donc forcés d'employer des fermiers ou des
journaliers. De plus, le capital devenant le droit à l'obtention
des concessions et en même temps leur mesure, vous repoussez les hommes sans ressources, n'ayant que leurs bras, leur
courage, et tendez à constituer, dès le début, la grande propriété, c'est-à-dire, la propriété non cultivée directement par
les propriétaires eux-mêmes. Le capital étant le seul encouragé par l'Etat vous n'attirerez directement que les capitalistes.

Quant à nous, nous demandons aussi des subsides à la métropole, mais pour recevoir une destination diamétralement
opposée. Nous voulons qu'ils soient une prime au travail, aux
bras, aux personnes, non aux choses. Nous voulons qu'ils
soient affectés aux labeurs et aux efforts individuels qui opè-
rent *directement* de grandes œuvres, non aux mobiles *indirects*
qui les font exécuter. Et cela, parce que vous intéressez ainsi tous
les colons, les masses, l'ensemble du peuple rural à vos tentatives, au lieu de n'y faire coopérer que quelques individus pri-
vilégiés et qui seraient du reste impuissants. Ils seraient impuissants, parce que l'œuvre gigantesque, ayant pour but la
transformation d'un pays comme l'Algérie, commande une
simultanéité d'efforts généraux que vous n'obtiendrez jamais
que par un appel direct à la puissance des masses. Des individus pris isolément, quelles que fussent leurs ressources pécuniaires, ne pourraient manquer d'échouer dans cette tentative
d'ensemble, parce qu'il n'est que l'Etat qui puisse imprimer
des impulsions générales et les soutenir. Ainsi, selon nous,
prime au travail personnel et non prime aux capitaux.

Deux principes découlent du système que nous élevons à notre
point de vue personnel en contre-pied de celui qui a été conçu

par M. le Général de Lamoricière. Ces principes sont le morcellement et la création d'autant de petits propriétaires que vous formerez de parcelles cultivables pour une famille. Comme on le voit, nous excluons la grande propriété et les fermiers qui résultent du mode adverse.

Dans un pays dépeuplé comme l'Algérie, et où il s'agit de jeter le plus de population possible ; où les terres, dans un état complet d'inculture, exigent de minutieux, d'incessants travaux pour être mises en rapport, la grande propriété, comme partout, deviendrait un obstacle insurmontable. D'une part, elle empêcherait le peuplement, car on ne se décidera à aller cultiver en Afrique qu'à la condition d'être propriétaire ; de l'autre, elle entraverait les défrichements et la mise en valeur immédiate des terres. Cela, parce que le capital, quel qu'il fût, ne se substituerait point aux bras ou serait moins persévérant qu'eux-mêmes, travaillant pour leur propre compte et dans d'étroites limites. Un capitaliste se hasardera difficilement à entreprendre le défrichement de cent hectares, il n'y en a pas encore d'exemple dans la colonie, parce qu'il faudrait se dessaisir d'immenses capitaux, 150,000 francs au moins ; tandis que dix colons, n'ayant guère à débourser que leurs peines, se mettront aisément à l'œuvre, ce qui a lieu tous les jours. Le capitaliste ne saura par quel point commencer, tant il lui en coûtera d'enfouir son or dans une terre étrangère ; tandis que nos dix colons, cherchant à étendre chaque jour le cercle de leurs terres productives, finiront par se rencontrer, et cela, presque sans capital. Faisons-le donc observer en faveur de notre système, qui, quoique incomplétement, a été suivi en Algérie de 1842 à 1845 : si la transformation de nos possessions devait être soldée à prix d'argent, il n'existerait pas assez de numéraire en France pour obtenir ce résultat. Puis, ajoutons : il est un capital irrésistible, peu cher, industrieux et habile, qui se répand de toutes parts et ne se trompe guère, c'est le travail individuel stimulé par l'intérêt de la propriété. Or, le principe qui découle de cet état de choses, c'est qu'il faut moins de capitaux pour l'exploitation actuelle du sol, d'une terre qui exige des travaux prodigieux, qu'une main-d'œuvre infatigable, gratuite ; qu'on le remarque bien, presque gratuite pour le possesseur de l'immeuble à mettre en valeur. Vous n'obtenez ce résultat que par la constitution d'innombrables petites propriétés, et d'autant de propriétaires que de colons. Et ce qu'il y a d'heureux, et ce qui est réellement nécessaire, c'est que l'ensemble des efforts individuels se trouvera plus fortement encouragé par le sentiment de la propriété, que par toutes les primes qu'il vous serait possible d'allouer. Ainsi, morcellement illimité, c'est-à-dire, jusqu'à concurrence des travaux possibles pour une famille ; constitution d'autant de petits propriétaires que vous créerez de parcelles ; prime au travail.

Et cette prime, nous sommes loin de l'entendre comme M. de Lamoricière, ce qui entraînerait des complications dont il s'est rendu peu compte ; des injustices et des embarras d'exécution infinis, outre que le colon ne trouverait aucune garantie dans ce mode qui procéderait par l'appréciation d'un conseil faillible, ne devant agir que longtemps après l'œuvre opéré, ce qui est trop peu mathématique pour le capital qui l'est beaucoup.

Le morcellement est nécessaire parce que la grande propriété est impossible : celle-ci exige des capitaux d'exploitation considérables surtout en Afrique, et les capitaux, au lieu de se porter vers le travail des champs, s'écouleront dans les spéculations d'une autre espèce comme nous l'avons démontré. Il faut de petites propriétés ne dépassant pas les forces d'une famille n'ayant guère que ses bras, parce qu'une famille étant sans ressources est forcée d'exploiter par elle-même, ce qui dispense de grands capitaux, et que nous ne pouvons en avoir, et que nous ne saurions les employer sans préjudice puisqu'on peut faire mieux : s'en passer.

Les défrichements possibles pour de petits propriétaires travaillant par eux-mêmes et pour eux-mêmes, *capitalisant leurs travaux sur le sol sans presque de déboursés*, seraient encore impraticables pour la grande propriété, c'est-à-dire pour les capitalistes, parce qu'aucun fermier ne consentira jamais, et avec raison, à défricher pour autrui en Afrique; que le capitaliste ne voudra pas et ne pourrait procéder à ces travaux avec l'auxiliaire d'une main-d'œuvre payée à la journée; qu'en un mot la mise en valeur de la grande propriété en Algérie exigera, outre de fortes sommes, une très-longue attente. Et voici encore pourquoi les financiers ne voudront pas procéder à des labeurs aussi coûteux et si longs. Sur le continent, la famille est formée avec son esprit de solidarité morale entre les ascendants et les descendants : on améliore, on crée des propriétés pour les transmettre. En Algérie, chacun travaille pour soi exuclsivement, pour une époque à courte date et en dehors de tout esprit de transmission par la loi d'héritage. Cela provient de ce que la famille n'est ni installée à toujours sur le sol, ni même constituée. On crée superficiellement une propriété comme on engraisse du bétail pour le vendre à un terme très-rapproché et jouir de sa plus-value. Par cette autre considération, outre que la grande propriété serait une entrave, elle ne serait pas sérieusement exploitable. On la considérerait comme un effet de bourse parce qu'elle appartiendrait aux capitaux, et que ceux-ci ne savent que spéculer dans la Colonie.

Ce qui corrobore notre assertion, c'est que les grandes concessions faites jusqu'à ce jour à quelques individus, n'ont produit que les plus tristes résultats. En effet, jamais un colon sous-concessionnaire ne reçoit d'aussi bonnes conditions d'un particulier que de l'État. Le travailleur véritable ne traitant pas directement avec l'autorité est exploité par le grand propriétaire, qui veut faire des gains personnels au préjudice de celui à qui ils devraient revenir de droit, et celui-ci n'est plus, au fond, qu'un mercenaire sans courage, travaillant à la fortune d'un spéculateur, au lieu de s'occuper de la sienne.

En résumé, pour ce qui précède : le morcellement favorise le peuplement ; si vous créez de petits propriétaires, vous mettez le travail facultatif et personnel à la place du capital, dont le chiffre nécessaire, considérablement diminué, permet de procéder de suite à l'œuvre de production algérienne et vous dispense d'allouer des primes à un faux principe ; on attire en Afrique, par l'attrait de la propriété, les classes oisives du continent ; vous faites coopérer les masses à une œuvre immense, exclusivement possible par elles, parce qu'elle est entreprise pour elles ; vous ne vendez point l'Algérie aux capitaux, c'est-à-dire que vous n'en faites pas un vaste champ d'agiotage ; et cela, parce que le capital est un élément presque factice dans un pays dépeuplé, qui le dévorerait sans équivalent de production. Vous ne peuplerez jamais cette contrée, dès le début du moins, qu'en y faisant autant de propriétaires qu'on voudra y appeler de colons.

Ce n'est pas que nous prétendions qu'il n'y aura jamais en Afrique que des propriétaires. Non, telle n'est pas notre pensée. Mais, dès l'origine, ils doivent tous l'être, parce qu'ils n'iront que dans ce but. Plus tard, lorsqu'un petit colon voudra vendre sa propriété, c'est qu'il aura obtenu le titre définitif. Il n'aura obtenu celui-ci qu'après avoir mis ses terres en valeur : l'œuvre difficile, coûteuse, demandant beaucoup de capitaux par d'autres moyens que le morcellement, sera accomplie et, dès lors, pourront se former la grande propriété et la classe des manouvriers. A ce moment, les capitaux n'hésiteront pas à s'implanter sur le territoire rural, parce que ceux-ci ne se donnent que pour un rendement proportionné à leur chiffre, et que le sol aura été placé dans un état de production.

M. le Général de Lamoricière s'est donc trompé quand il a fait de suite appel au capital, puisqu'il est parti d'un principe opposé au peuplement, question unique, prépondérante, qui les domine toutes ; il s'est trompé dans l'emploi des allocations continentales en faveur de la colonisation, puisqu'il n'a cherché qu'à encourager des capitaux incapables d'accomplir directement une œuvre que ne payeraient point tous les deniers de la France ; il s'est trompé dans les moyens de répartition de cette prime, parce qu'il en a laissé l'appréciation à des fonctionnaires, et que le capital, de même que l'industrie agricole, ne veulent de répartition de leurs gains que des faits amenés directement par eux et sans l'intervention d'une volonté étrangère.

Nous comprenons les primes à la grande pêche, aux exportations de sucre, etc. , parce que les produits se jaugent et sont mathématiquement appréciables. Nous comprenons les primes départementales au bétail, parce que ces appréciations facultatives ne s'exercent que sur une échelle imperceptible ; que, de plus, elles sont un encouragement aux plus beaux produits, non une garantie à l'intérêt d'un capital venu sur parole.

Puis, en définitive, comment allouer une prime aux capitalistes, d'après les sommes employées, ou plutôt, d'après leurs succès agricoles ? Ces succès ne seraient-ils pas subordonnés à la bonté du sol, aux positions territoriales, aux révolutions atmosphériques, ne dépendant pas toujours, tant s'en faut, des efforts et des dépenses du capitaliste ? Primes dès lors inapplicables avec esprit de justice et comme stimulant rationnel, surtout comme garantie forcée d'un capital ; car le sol sera loin de répondre toujours dans la proportion des dépenses auxquelles il aura donné lieu, de telle façon que souvent les plus fortes primes seraient allouées à ceux qui auraient le moins dépensé. C'est là surtout que ce système se montre impossible dans l'application.

L'espace compris entre le versant septentrional de l'Atlas et la mer comporte cent quinze mille hectares. Terme moyen, le défrichement de chaque hectare est revenu jusqu'à ce jour, aux capitalistes ne travaillant pas eux-mêmes, et ils sont rares, au moins à 1,000 francs. A ce prix, les défrichements coûteraient 115 millions, capital énorme que vous serez impuissants à jeter dans l'agriculture avant qu'elle ne se soit constituée et ne donne des produits ; qui s'y portera de lui-même par la force des choses lorsqu'elle produira. Capital auquel l'Etat payerait, d'après le système de M. de Lamoricière, un intérêt équivalent à son quart, soit : 28 millions 750,000 francs.

Par le mode opposé, on accorde dix hectares à chaque colon. Ce que lui fournit l'Etat s'élève à 1,200 francs. Le prix de défrichement des cent quinze mille hectares, qui lui revient à 500 francs l'hectare au plus, ne donne donc lieu pour le Trésor, qu'au déboursé de 13 millions 800,000 francs, et vous avez obtenu des résultats presque immédiats, vous avez peuplé, vous avez fait produire.

La colonisation militaire dépenserait 34 millions 500,000 fr. pour accomplir la même tâche, en supposant que les colons dont il s'agit ne coûtassent que 3,000 francs.

Si nous avons bien rendu la généralité de nos idées sur cette matière, nous avons dû prouver qu'au lieu d'affecter une prime aux capitaux, on doit la consacrer au travail. Là était toute la question avec ses principes et considérations accessoires.

Actuellement, il nous sera aisé de démontrer que les capitalistes, dans la province d'Oran, ayant à lutter contre tous les inconvénients précités, et n'étant pas, en outre, attirés et soutenus par des primes, n'entreprendront rien ou se ruineront.

V.

SUITE DE L'EXAMEN DU SYSTÈME

DE M. LE GÉNÉRAL DE LAMORICIÈRE.

Nous avons précédemment exposé le système de la colonisation militaire proposé par M. le Maréchal Duc d'Isly, et nous croyons en avoir démontré la difficulté d'application efficace ou l'inutilité.

Nous allons actuellement analyser le système de colonisation civile de M. de Lamoricière, système formulé en loi et qui va recevoir un commencement d'exécution après avoir subi une modification, celle relative à la suppression des primes, ce qui, du reste, n'était pas le plus grand vice du mode dont il s'agit, comme on a pu s'en convaincre par la lecture du précédent article.

Une Ordonnance Royale du 3 décembre 1846 crée, dans la subdivision d'Oran et sur le territoire mixte, huit communes.

L'article 3 de cette ordonnance porte : « *Les communes, après leur constitution, passeront successivement du territoire mixte au territoire civil.* »

Après leur constitution veut évidemment dire, après leur mise en produit, leur peuplement. Donc elles resteront territoire mixte tout le temps que durera leur colonisation, c'est-à-dire qu'aux termes de l'ordonnance du 15 avril 1844, elles seront administrées militairement.

Nous devions constater ce fait, parce qu'il en résulte que si M. le Maréchal Duc d'Isly a voulu faire personnellement de la colonisation militaire, M. le Général de Lamoricière veut, de son côté, essayer personnellement de la colonisation civile. De toute manière, c'est de la colonisation par le pouvoir militaire. Et, qu'on le remarque, s'il existe de graves inconvénients à ce que la colonisation militaire puisse s'effectuer, c'est bien plutôt à cause de sa subordination à un régime incompatible avec les garanties qu'exigent les intérêts civils de toute nature, que par suite de ses éléments constitutifs. Et, cependant, le régime militaire appliqué à des soldats n'étant qu'à moitié civils, devrait renfermer de plus grandes chances de succès.

Or, le régime militaire appliqué au développement d'intérêts purement civils, *aux choses comme aux personnes*, renferme des inconvénients bien autrement graves que l'ordre de choses adverse. Les intérêts civils ne se développent que sous les garanties du droit écrit. Or, ce n'est pas l'autorité militaire qui saurait faire application de ce droit, car elle n'a pas de tribunaux pouvant donner force de chose jugée par suite des textes de la législation civile. On comprend des lois arbitraires appliquées militairement dans la colonisation par des soldats ; on ne comprend pas des lois civiles entre les mains de l'autorité militaire. Et, en définitive, si, dans les territoires mixtes, et si par contre, sous le régime des officiers, dans les villes de l'intérieur, nous voyons des populations civiles se livrer au commerce et chercher à s'enrichir rapidement, qu'on ne le perde pas de vue, ce ne sont pas là des colons, des cultivateurs, des hommes attachés au sol, ce qui est bien différent : ce sont des industriels, et ceux-ci, population flottante et hardie, s'installent provisoirement partout et sous tous les régimes, en Turquie comme ailleurs.

Un ordre de choses permanent comme la transformation d'un territoire ne s'accommode pas des mêmes incertitudes, et nous tenons pour certain que la colonisation civile d'Oran ne surmontera pas les entraves qu'on lui crée, surtout si M. de Lamoricière venait à lui faire défaut. Or, ne donner pour garantie aux intérêts territoriaux et à des capitalistes que la stabilité de position d'un homme, c'est trop peu.

Mais ne nous arrêtons pas à cette objection : l'ordonnance en soulève de plus compliquées.

L'article 5 porte : « *Le territoire de chaque commune sera* « *aliéné, soit en totalité, soit en partie, à des particuliers ou à* « *des compagnies qui prendront l'engagement d'en opérer le* « *peuplement en y établissant des familles de cultivateurs eu-* « *ropéens, dont trois cinquièmes au moins devront être Fran-* « *çais.* »

Voilà le territoire agricole livré aux capitalistes, c'est-à-dire aux spéculateurs, et si l'on a lu attentivement notre précédent article, on doit sentir combien est funeste une semblable donnée. Il n'était donc pas assez pour leur agiotage du champ des villes où ils ont tout entravé, car ils sont parvenus à donner aux maisons et aux terrains à bâtir des valeurs factices et conventionnelles, qui occasionnent aujourd'hui des crises graves dans presque toutes les localités ? Ce qu'il faut avant tout dans une colonie naissante, c'est que les prix soient en parfait rapport avec la valeur intrinsèque des immeubles, attendu que dans un pays nouveau on doit établir la confiance, non ces fluctuations basées sur l'agiotage qui ruinent et déconsidèrent les intérêts même les plus réels. Cet inconvénient qu'on ne pouvait éviter dans les cités, on l'appelle dans l'œuvre si timide déjà des travaux agricoles.

Là n'est point encore le fait le plus regrettable : des capitalistes se ruineront ; il ne s'agit donc ici que de l'intérêt privé exposé à de rudes échecs. La question d'intérêt général qui ressort de cet article trouvera sa place plus loin.

L'article 6 porte : « *L'aliénation sera faite par adjudication* « *publique ou par voie de concession directe s'il y a des motifs* « *pour préférer ce dernier mode.* »

En ce qui concerne cette dernière disposition, nous ferons remarquer que, lorsqu'on pose des règles dans une loi, il faut autant que possible qu'elles soient générales et sans restrictions, sans quoi ce ne sont plus des dispositions législatives égales pour tous les intérêts. Ainsi, du moment que les concessions peuvent être directes, les conditions onéreuses n'en seront pas toujours les mêmes que celles des adjudicataires voisins, ce qui est injuste et mécontentera ceux qui se considéreront comme moins favorisés.

Quant au principe de l'adjudication en lui-même, il sera

désastreux. Et il le sera, d'une part, parce que la concession n'est point gratuite ; parce qu'il exige un déboursé d'acquisition au moment où tant de charges vont peser sur l'exploitant qui aura à défricher une terre inculte, à construire des bâtiments d'exploitation, à faire mille travaux préparatoires sur une terre sans eau, déboisée, sans voies de communication ; qui devra acquérir un matériel considérable sur le continent et le faire transporter ; qui devra acheter des bêtes de labour, des troupeaux, des semences, des plants ; qui aura à nourrir ses colons pendant plusieurs années, car les premières récoltes sont nulles ; qui éprouvera bien des mécomptes avec ses fermiers, d'où résulteront pour lui de grandes dépenses vides de compensations, sans compter les vicissitudes de toute exploitation nouvelle sur un sol étranger, etc.

Ce mode sera désastreux parce que, en outre, si beaucoup de soumissionnaires se présentent, la concurrence qui s'établira entre eux portera les terrains à des prix exorbitants, ce qui compliquera bien davantage l'état de choses que nous venons de signaler et rendra l'exploitation rurale impossible par suite de son prix de revient, non compensable par les produits à venir. S'il s'en présente peu, ce sera preuve de la défaveur du système, et le cas le plus favorable qu'on puisse admettre aux inconvénients de la concurrence en pareille matière, c'est de la langueur pour la colonisation.

Mais ce mode deviendra dangereux surtout, parce que le plus offrant, celui qui présentera le plus de garanties pécuniaires s'imposera, et que ce n'est pas toujours la plus forte somme de capitaux qui réussit en agriculture : elle exige des connaissances pratiques, un discernement qui font regretter l'exclusion aveugle de ceux qui pourraient le mieux faire, et l'admission aveugle de riches incapacités. Mais, dira-t-on, des concessions directes seront faites aux hommes capables exclus par l'adjudication. Du moment, répondons-nous, que l'adjudication est le principe et la concession directe l'exception, il est probable que le principe sera le plus fréquemment suivi ; mais si, du reste, vous usez envers les capacités de l'exception, vous tombez dans l'inconvénient précité en les faisant jouir d'un régime exceptionnel dont la masse des adjudicataires s'irritera. En définitive, le principe général de l'adjudication livre sans discernement la généralité des concessions au premier venu possédant des capitaux.

Mais, si on a lu attentivement notre précédent article, on a pu se convaincre que les capitaux n'iront pas sérieusement, avant de longues années, vers le domaine rural, afin de l'exploiter, parce qu'ils trouvent encore de meilleurs débouchés dans les spéculations urbaines. S'ils prennent cette pente, ce sera en vue de spéculer, car l'ordonnance ne prévoit pas ce cas, chose fâcheuse, et n'interdit point les transmissions immobilières sans l'autorisation administrative avant l'accomplissement définitif de la mise en complète valeur. Si donc le système réussit, il fait de l'anarchie; s'il échoue faute d'acheteurs, il laisse les choses dans leur état actuel, alternative la plus désirable, et l'ordonnance tombe en désuétude après avoir empêché la colonisation naturelle durant bien des années.

Art. 7. *Aussitôt après la promulgation de la présente ordonnance, la commission consultative d'Oran préparera les cahiers des charges pour la mise en adjudication de chacune des communes.* »

Ainsi, on adjugera toute une commune à un particulier ou à une compagnie. Il est évident que chacune des communes doit comporter un village de cent familles, ou son équivalent en maisons ou fermes éparses. Mais l'article 4 indique des villages, puisqu'il parle des enceintes. Or, pour quiconque a fait de la colonisation pratique en Algérie, voici ce qui en résulte : un village ordinaire de cent feux comporte un territoire de mille hectares, et comme dans les centres organisés par la présente ordonnance chaque famille n'a droit qu'à quatre hectares en minimum, quatre cents hectares seront consacrés aux colons *sous-concessionnaires*. Pour dédommager le capitaliste de ses dépenses, il faudra bien lui en donner six cents, en tout mille hectares. Ces communes ne peuvent donc recevoir une moindre contenance. Maintenant examinons.

Le capitaliste adjudicataire aura cent, n'en mettons que cinquante, aura un village de cinquante familles à bâtir. A raison de 1,000 francs par maison, 50,000 francs. Aux termes de l'article 15, il doit encore fournir les bestiaux, les instruments aratoires, les semences, et certainement il devra nourrir hommes et bêtes la première et la seconde année. En minimum autres 1,000 francs par feu, dès lors 100,000 francs. Les terres se vendent terme moyen et de gré à gré 15 francs l'hectare. La concurrence des enchères les portera certainement à 20, souvent à plus : 120,000 francs. — On ne concède pas même gratuitement les terres que le capitaliste est forcé de donner aux colons. — L'adjudicataire devra faire défricher ses six cents hectares, les faire planter et produire : il aura des bâtiments d'exploitation à élever, et tout ce qu'ils comportent pour l'agriculture à acquérir. Certainement il lui en coûtera, tout compris, 1,000 francs par hectare, et même ce chiffre est un minimum fort bienveillant, nous le savons par expérience, ce qui fait 600,000 francs ; car on n'espère probablement pas que les colons placés par le capitaliste lui seront des manouvriers gratuits : un seul ne se présenterait pas à cette condition moyennant quatre ou six hectares sans valeur. Ils préféreraient la colonisation dans les conditions d'Alger où ils obtiennent dix hectares et 1,200 francs, n'ayant que leur concession à défricher. Donc, c'est 720,000 francs que le capitaliste devra débourser pour sûr, sans compter tous les faux frais qui certainement élèveront la somme à 800,000 francs en minimum.

Six cents hectares coûtent donc à l'adjudicataire 800,000 francs. Cette somme, en Algérie, au taux légal et avec première hypothèque, rapporterait 80,000 francs.

D'après le comte Chaptal et Schnitzler, le produit brut d'un hectare est estimé en France à 30 ou 40 francs. Nous outre-passons toutes ces limites et donnons à l'hectare, dans la province d'Oran, un rendement de 100 francs, en moyenne. A ce prix six cents hectares rapporteront 60,000 fr., c'est-à-dire 20,000 francs de moins que si les 800,000 francs étaient placés avec hypothèque, ce qui ne fait courir aucune chance au capitaliste et lui permet de reporter du jour au lendemain ses capitaux sur le continent, considération grave pour lui.

Ainsi, aucun intérêt n'engage les capitaux à s'acheminer vers les champs et tout les en éloigne, comme il résulte de ce qui précède et de nos articles antérieurs.

Art. 11. « *Toute soumission qui ne sera pas accompagnée de la preuve d'un versement en argent dans une caisse publique ou d'un crédit ouvert dans une maison de banque de l'Algérie ou de France, sera regardée comme nulle et non avenue.* »

Il est certain que les capitalistes ne verseront pas leurs fonds dans une caisse publique, la faculté leur étant réservée des crédits ouverts dans les maisons de banque.

D'une part, en quoi un crédit ouvert contraint-il l'adjudicataire à faire emploi de ses fonds sur la concession ? Quel recours peut exercer l'administration sur ce crédit ouvert pour obliger le capitaliste à tenir ses engagements qui devraient être de faire produire le sol, ce que ne spécifie pas même l'ordonnance ? Aucun. D'un autre côté, l'attestation d'un crédit ouvert garantit-elle la réalité de ce crédit ? la libre disposition de la somme mentionnée ? En aucune manière. Et la preuve, c'est que, depuis le moment où l'administration a jeté les yeux sur les capitalistes pour coloniser l'Algérie, on a pris tous les moyens possibles afin de s'assurer de l'existence des capitaux allégués et qu'on n'a pu y réussir.

Ainsi, on a exigé des actes notariés portant le chiffre de la fortune des colons demandeurs ; de plus, des renseignements appelés à contrôler ces actes ont été fournis par les préfets, et cependant des capitaux fabuleux par leur chiffre sont de cette manière partis pour l'Algérie. Lorsque les capitalistes ont dû mettre la main à l'œuvre, en général ils ont été trouvés sans ressources par l'autorité locale. Et, cependant, cette façon de procéder portait un caractère autrement authentique que les promesses de crédits.

Il est donc à craindre que la double spéculation des banquiers et des capitalistes n'intervienne dans ces opérations, qui se borneront dès lors aux agiotages préalables à tous travaux effectifs.

Art. 12. « *L'adjudication sera prononcée séance tenante en* « *faveur du soumissionnaire qui aura fait les offres les plus* « *avantageuses à l'Etat.* »

Comme nous l'avons dit ci-dessus, l'Etat veut vendre ; il veut absorber des capitaux qui ne seront rien pour lui et qui feront grand défaut à l'adjudicataire. On dirait que l'autorité cherche à les ruiner par la concurrence qu'elle établit entre ceux qui désirent acquérir d'elle des terres improductives, c'est-à-dire une charge dont la défense coûte 100 millions à la France tous les ans, et cela sans compensation.

L'administration aurait dû comprendre que la mise en produit du territoire était le plus beau prix d'acquisition que l'adjudicataire pût solder à l'Etat, et concéder gratuitement ce gouffre de fonds, et comme la question de peuplement est dominante, elle devait remplacer la clause précitée par celle-ci : *L'adjudication sera prononcée en faveur de celui dont les offres seront les plus avantageuses aux colons sous-concessionnaires.* Ici la concurrence devenait puissamment salutaire et fructueuse.

Art. 14. « *L'adjudicataire sera libre de répartir ainsi qu'il* « *avisera le sol entre les familles, et de régler avec celles-ci* « *les conditions auxquelles il leur procurera l'habitation et le* « *matériel d'exploitation.*

« *Il sera tenu de délivrer à chaque famille, en toute pro-* « *priété, une surface de quatre à six hectares de terres labou-* « *rables. Cette propriété sera définitive après quatre ans.* »

D'après cet article, le concessionnaire règle avec ses colons les conditions auxquelles il leur délivrera quatre ou six hectares en toute propriété, l'habitation et le matériel nécessaire.

Voilà donc le colon, la partie essentielle, celle qui opère le peuplement et fait produire, celle qui a un si grand besoin de protection, abandonnée aux capitalistes. Il est dans l'ordre ordinaire des choses que le colon soit exploité par son commanditaire, et d'autant plus que celui-ci aura à garantir davantage ses capitaux engagés, d'une part, sur le sol qui peut ne pas répondre aux dépenses faites ; de l'autre, aux mains d'exploitants subalternes qui peuvent en mésuser.

Ainsi le colon sera exploité. Pour quiconque sait tout ce qu'il en coûte de travaux et de peines en Algérie pour transformer six hectares, il est avéré que ce cultivateur n'a pas un instant à lui ; qu'il lui faut beaucoup de latitude, une grande liberté d'action ; que, d'ailleurs, ses travaux quotidiens absorbent tout son temps, si nombreuses et si variées sont les exigences d'une terre nue et difficile.

Or, de quelle manière seront réglées les conditions auxquelles l'adjudicataire aura fait de grands avantages d'exploitation à ses familles ?

La pensée qui a dicté cette importante disposition de l'ordonnance, point capital et nœud de toutes les difficultés en colonisation, est celle-ci :

Le capitaliste n'opérant pas directement par lui-même, la constitution de la grande propriété s'y oppose, il est obligé d'employer des tiers. Ces tiers seront-ils des fermiers ou des colons partiaires? On ne peut partager les produits de qui ne rend pas : il s'agit ici d'une terre inculte. Des fermiers consentiraient peut-être à émigrer pour se rendre sur des propriétés en pleine valeur, mais ils n'opéreront jamais le défrichement de propriétés en Afrique. Ces tiers seront-ils des ouvriers payés à la journée? La main-d'œuvre est exorbitante en Algérie, et l'on ne peut songer à l'emploi de ce moyen ruineux.

L'ordonnance a donc voulu créer auprès de la grande propriété une main-d'œuvre à bas prix qui permît aux adjudicataires leurs défrichements ; elle a fait plus, elle a espéré qu'en compensation des sacrifices du capitaliste, le colon défricherait ses terres.

D'une part, le colon ne trouvera jamais en dehors de ses travaux propres le temps nécessaire pour mettre en valeur les terres du capitaliste. Ce qui le prouve, c'est que, dans la province d'Alger et dans les villages du pied de l'Atlas, placés dans les conditions les plus favorables, il est fort peu de colons possédant dix hectares qui, seuls et sans auxiliaires, aient défriché et mis en rapport l'ensemble de leur concession. Dès lors, comment eussent-ils pu donner leur temps à autrui?

D'un autre côté, on ne peut pas supposer qu'ils feront marcher de pair leurs travaux personnels avec ceux du capitaliste, car ce serait au détriment de leur propre concession. Or, le petit colon, privé de ressources qui lui permettent de vivre sans l'aide du produit de ses terres, sera dans la nécessité de les mettre de suite en valeur pour en tirer sa subsistance. Il ne pourra donc pas songer aux défrichements du capitaliste dès le début.

Ce ne sera pas avant quatre ou cinq ans que les six hectares de chaque colon seront transformés. Alors seulement il pourrait commencer à se liquider par le capital des bras. Mais en premier lieu l'homme n'est pas de fer et ses premières fatigues l'auront fort épuisé; en second lieu, cultiver ses terres et défricher celles d'autrui paraît être bien pénible et bien difficile faute de temps ; puis le capitaliste voudra-t-il attendre quatre ou cinq ans avant de commencer ses travaux? Les cinquante familles placées par lui voudront-elles prendre à leur charge la mise en produit de six cents hectares, ce qui ferait douze hectares pour chacune d'elles? Non pour toutes ces objections.

Le capitaliste devra donc recourir à une main-d'œuvre payée. Le voudra-t-il après avoir déboursé tant d'argent pour ses colons et pour l'acquisition de ses terres comme des leurs, qu'on devait au moins lui donner à titre gratuit, car vous lui avez fait payer une œuvre plus profitable à l'intérêt général qu'à lui-même. Cette main-d'œuvre à bon marché, la trouvera-t-il chez ses sous-concessionnaires ? Non, puisque d'une part, ils n'en auront pas le temps s'ils travaillent leurs propres terres, et que, s'ils négligent leurs lots pour un salaire journalier, ils ne rempliront pas le but qu'on se propose, outre que d'ailleurs, n'étant pas aidés par le rendement de leurs propriétés, ils auront besoin de forts salaires, ce qui rendrait nulle la combinaison du peuplement par les adjudicataires.

En définitive, quelles que soient les conditions qu'on espère voir s'établir entre le grand et le petit concessionnaire pour décharger celui-ci de la dette contractée envers le premier, elles ne réaliseront jamais le but qu'on désire atteindre, parce que l'homme et une famille ont des forces limitées par la fatigue et par la durée d'un jour, ainsi que par les exigences d'une première tâche.

Art. 15 : « *L'adjudicataire pourra, pour sûreté de ses avan-* « *ces, exiger des annuités hypothéquées sur les terres aban-* « *données à chaque famille.* »

C'est ici le cas de déplorer la position qu'on veut faire aux petits colons, en ne leur concédant pas *directement* les terres, et en les leur faisant tenir de tiers *interposés* entre eux et l'État. Nous tenons pour certain que, d'après l'ensemble du système, et surtout d'après cette dernière clause, le véritable travailleur, le colon réel est sacrifié, et que, s'il sait toute la portée de son entreprise, il n'acceptera jamais de semblables conditions.

En effet, un colon se met à l'œuvre, travaille avec courage, et, au bout de cinq ans, car avant cette époque il ne vivra peut-être pas de ses terres, au bout de cinq ans sa sous-concession commence à produire régulièrement. D'après nos précédents calculs, établis sur une échelle bien modérée, le capitaliste lui a avancé 2,000 francs. Le colon devra les rembourser en annuités. Mais combien rapporteront ses quatre ou six hectares ? Il va sans dire que nous n'admettons pas les chiffres incommensurables de certains administrateurs à théories sur le rendement moyen des terres en Afrique. Cette terre a beau être féconde, l'agriculture a ses limites, et, en Algérie, elle éprouvera peut-être en outre plus de vicissitudes que partout ailleurs.

Mais enfin, supposons qu'elle est placée dans la même condition que les meilleures terres des départements du nord de la
France et que l'hectare produit de 200 à 250 francs. Quatre
hectares rapporteront 800 ou 1,000 francs. Quand une famille
aura subsisté une année durant sur cette somme avec la chance
de coûteuses maladies, que lui restera-t-il? Où le petit colon
puisera-t-il ses annuités? Et, qu'on le remarque bien, nous supposons que ses travaux ont été couronnés d'un plein succès, ce
qui n'aura pas toujours lieu. Et en présence des peines et des
fatigues de ces laborieuses familles, voici venir un article dont
on sentira la portée.

> Art. 17. « *Lorsqu'une famille aura été dépossédée des terres*
> « *qui lui avaient été délivrées, pour cause d'inexécution de ses*
> « *engagements envers l'adjudicataire, celui-ci sera tenu d'éta-*
> « *blir une autre famille sur les mêmes terres.* »

Ainsi, une famille a mis sa sous-concession en complet produit; elle a rempli un but utile aux intérêts généraux de la
colonie qui exigent le rendement général du territoire; mais
cette propriété de quatre ou six hectares ne peut produire que
dans la limite de l'alimentation de ses fondateurs qui constituent en outre le peuplement, point capital, et vous les déposs-
sédez; cela, parce qu'ils ne peuvent acquitter une redevance
au-dessus de la plus grande fécondité de quatre ou six hectares? Qu'il nous soit permis de le dire, c'est injuste, impoli-
tique, contre les intérêts de la colonie. Il est probable que les
cahiers des charges détermineront les conditions de l'éviction
et les compensations dues à l'évincé pour ses travaux; mais il
s'agissait d'établir ce droit ailleurs que dans un cahier des
charges où il peut être omis par erreur: il devait trouver
place dans l'ordonnance elle-même.

Dans la province d'Alger, où les petites concessions sont
opérées directement par l'Etat, l'autorité prononce des évictions, mais seulement lorsque le colon ne met pas ses terres
en voie de rendement.

Les adjudicataires et les sous-concessionnaires sentiront tellement la fausseté de position qui leur est faite, d'un côté, par
l'impossibilité de rentrer dans leurs avances, de l'autre par les
chances à courir de perdre le fruit de leurs travaux, que ni
les uns ni les autres n'accepteront ces probables alternatives.

Telle est l'ordonnance. Elle part d'un faux principe : l'aban-

don aux capitalistes du territoire inculte, improductif, au lieu
de le livrer directement à la puissance des bras et des masses,
comme il a été dit au chapitre IV. Quoique vicieux, ce principe comportait une constitution bien autrement vitale, et il
fallait le placer dans les meilleures conditions possibles, puisqu'on voulait en faire l'essai.

Il nous reste maintenant à exposer la colonisation pratique
et rationnelle à son point de vue véritable ; car nous n'avons
pas combattu les systèmes de M. le Maréchal duc d'Isly et de
M. le Lieutenant général de Lamoricière pour le seul plaisir de
détruire. Cette exposition nous amènera à compléter les réfu-
tations qui précèdent.

VI.

DE LA COLONISATION CIVILE PRATIQUE.

La colonisation civile offre l'avantage sur la colonisation militaire de rester dans l'ordre des données communes à tout État politique moderne, et de tendre surtout vers la production sociale, embrassant l'agriculture, l'industrie et le commerce à l'aide de l'élément civil et des institutions qui sont exclusivement propres à cette production.

La colonisation civile, telle qu'elle a été pratiquée jusqu'à ce jour dans la province d'Alger, à l'aide des additions extensives que l'expérience pratique de ce système nous a suggérées et dont nous ferons l'exposé, présente l'avantage sur le mode de M. le général de Lamoricière de procéder par les bras et les masses, au lieu de placer un intermédiaire entre le colonisateur réel et l'autorité à une époque prématurée, et alors que cet intermédiaire ne saurait, par timidité ou par prudence, accepter les charges écrasantes du peuplement.

Mais, va-t-on nous dire, la colonisation mise en pratique dans la province d'Alger laisse beaucoup à désirer par ses résultats. On se trompe. Cette colonisation a réussi autant qu'elle le pouvait avec l'auxiliaire d'un mince budget et surtout à cause du premier théâtre de ses tentatives, le Sahel, massif de coteaux ingrats qu'on devra boiser plus tard et planter de vignes, d'oliviers et de mûriers, mais qui ne se prête que par fractions à une chétive culture en céréales. Or, le boisement ne peut venir qu'avec le temps et n'a pu être entrepris de suite par de pauvres colons ayant besoin de vivre sans délai de leurs terres.

Cependant, il fallait peupler le Sahel afin de placer un intermédiaire entre Alger et la plaine, alors insalubre du reste et qu'on ne pouvait coloniser; d'autant moins encore que la guerre y passait chaque jour. D'ailleurs, pouvait-on laisser entre Alger et la Mitidja un véritable désert? ne devait-on pas pourvoir la métropole d'une banlieue? ne fallait-il pas appuyer les populations futures de la plaine sur des populations pouvant faire corps avec elles et les aider à se défendre en cas de guerre, les soutenant moralement de leur voisinage et propres à les assister dans leurs travaux? Selon nous, la colonisation du Sahel, qu'on a blâmée, est la préface forcée d'un grand livre dont le premier chapitre s'ouvre dans la Métidja.

Si donc le voyageur trouve aujourd'hui cette colonisation languissante, l'homme pratique en administration reconnaît que la faute doit en être attribuée au sol, à un trop faible budget d'installation, non aux principes sur lesquels elle repose. Ce qui le prouve, c'est que les mêmes principes appliqués à la plaine y ont produit d'immenses résultats comme le constatent Bouffarick, Souma, Dalmatie.

Ainsi, qu'on sache faire la part du principe d'après les conditions de son application, et qu'on ne le repousse pas en l'accusant d'impuissance, parce qu'il n'a pas fait dans le Sahel ce qu'il ne pouvait y faire, on doit encore le dire, avec des populations délabrées, assez hardies ou assez désespérées pour débuter avec les premiers essais de colonisation.

Maintenant faisons connaître le système dont il s'agit, d'abord, par son ordre de classement des villages; par sa manière de charpenter les centres de population, ce qui rendra plus intelligibles les règles d'après lesquelles il les peuple et féconde leur territoire; puis nous considèrerons ce mode au point de vue de la défense, et, en définitive, viendront les questions si compliquées et si ardues du peuplement.

Si d'un point élevé on abaisse le regard sur le territoire d'Alger, dans un hémicycle de quinze ou vingt lieues de rayon, on trouve cette ville au bord de la mer. Derrière elle, et sur une profondeur de cinq lieues avec une longueur de dix, se développe le Sahel qui part de la Maison-Carrée, à l'est, et se dirige vers l'ouest, du côté de Coléah. Plus au sud on trouve la plaine de la Mitidja large de huit à dix lieues, qui enchâsse le Sahel, bornée à sa limite méridionale de l'est à l'ouest et depuis le bord de la mer des deux côtés d'Alger, sur une étendue d'environ trente lieues, par l'Atlas qui termine l'horizon de la métropole à vingt lieues.

Ainsi, le territoire dont nous parlons se trouve divisé en trois zones géologiques naturelles formant trois arcs de cercles immenses, concentriques à Alger, ayant leurs aboutissants de l'est et de l'ouest à la mer, leur centre appuyé au midi.

Actuellement, pour bien faire comprendre l'ordre de classement des villages, nous allons donner l'ordre d'ouverture et de direction des grandes routes.

Les routes dont suit l'énumération partent d'Alger, leur aboutissant au littoral, et courent vers ses côtés ou l'intérieur en formant un vaste éventail. La première passe à Hussein-Dey vers l'est, à la Maison-Carrée, traverse le village projeté de l'Oued-Bérick, bifurque et va joindre Delleys, d'une part, à quinze lieues, de l'autre, arrive à la ville du Fondouck, située à dix lieues. Avant d'arriver à cette ville elle a détaché une voie vers Maraboutine, au pied de l'Atlas et au sud-est. Dans un temps plus ou moins rapproché, la route du Fondouck sera poussée jusqu'à Constantine en longeant la vallée du Hamza, opérant sa sortie dans les contrées supérieures par les portes de fer ou Bibans.

La seconde, au sud-est, passe à Kouba, descend dans la plaine, bifurque une première fois pour jeter une de ses branches au village du Palmier, situé au pied de l'Atlas du côté de Maraboutine, continue la branche principale jusqu'à Sidi-Moussa, où elle bifurque encore pour aller joindre l'Arba et l'Harrach, tous ces villages projetés au pied de l'Atlas.

La troisième, au sud, passe à Birmandreïs, à Birkadem, et rejoint la quatrième qui traverse El-Biar, Dély-Ibrahim, la ville de Douera, les quatre chemins dans la plaine, la ville de Bouffarick, Béni-Méred et aboutit à Blidah au pied de l'Atlas.

La cinquième, au sud-ouest, passe aux Chéragas, au magnifique monastère de Staouëli, aboutit à Coléah et traverse cette ville pour aller aboutir à Blidah après avoir franchi El-Halley et Joinville. Plus tard, au sortir de Coléah, elle bifurquera successivement deux fois pour joindre, d'abord, la gorge de la Chiffa, dont la route conduit à Médéah, puis Milianah.

La sixième, à l'ouest, traverse la pointe Pescade, Saint-Eugène, Sidi-Ferruch et joint Coléah, destinée à être prolongée jusqu'à Cherchell.

Voilà donc aujourd'hui au pied de l'Atlas ces têtes de routes qui rayonnent d'Alger, et que nous avons vues, dès l'origine de la colonisation, déboucher à peine de la métropole.

Maintenant, passons aux voies de communication du second ordre, transversales à celles qui précèdent et concentriques à Alger. On a remarqué que le territoire algérien, jusqu'à son dernier horizon, l'Atlas, se subdivise en trois zones immenses formant le fer à cheval autour d'Alger. Les chemins que nous allons énumérer suivent la même direction que ces zones, et coupent ainsi à angles droits les six grandes routes royales précitées, se dirigeant vers l'intérieur.

Une première fait le tour d'Alger, une seconde part d'Hussein-Dey, au bord de la mer à l'est, passe à Kouba, à Birkadem, à Birmandreïs, à Dély-Ibrahim, aux Chéragas et aboutit au village de Saint-Eugène sur le littoral, à l'ouest, après avoir opéré son parcours dans le premier tiers de la largeur du Sahel.

La troisième part de Kouba, au sud-est, passe à Saoula, à Draria, El-Achour, Ouled-Fayet, et touche à Staouëli à l'ouest, ayant son parcours dans les deux premiers tiers du Sahel.

La quatrième parcourt le dernier tiers du Sahel, partant de sa limite est et allant aboutir à l'ouest, après avoir traversé Crescia, le territoire de Baba-Hassem, Douéra, le territoire de Saint-Ferdinand, d'Aumale, Sainte-Amélie, Mahelma et Zéralda.

Voilà donc le Sahel sur une largeur de cinq lieues et une longueur de dix environ, coupé dans tous les sens par des lignes droites et des lignes secondaires, transversalement paraboliques.

Comme on va le voir, le même ordre règne dans la plaine qui vient après. Une cinquième route transversale part de la Maison-Carrée à l'est, longe le pied du Sahel à la limite nord de la plaine, coupe à angles droits toutes les routes longitudinales qui partent d'Alger, à l'égal des précédentes, arrive à Coléah et va toucher la mer à Fouka et Notre-Dame, dans l'ouest, après avoir traversé le territoire de Douaouda.

La sixième part du village projeté de l'Oued-Bérick, entre la Maison-Carrée et le Fondouck, traverse le milieu de la plaine, passe aux villages projetés dans la banlieue de cette dernière ville, à Sidi-Moussa, à Soukali, Bouffarick, et joint Coléah à l'ouest.

La septième se dirige du Fondouck, à l'est, et par le pied de l'Atlas, vers Mouzaïa à l'ouest, après avoir traversé Maraboutine, le Palmier, l'Arba, l'Arrach, l'Assénia, Bouinan, Souma, Dalmatie, Blidah, ceignant ainsi la limite sud de la Métidja. De Mouzaïa, où sont situées de belles mines de cuivre qui enrichiront le village de ce nom, elle aboutit à la route de Médéah, traverse Milianah, d'où, plus tard, elle sera poussée jusqu'à Oran parallèlement à la mer, opérant son parcours dans la vallée du Chiliff, au travers d'Orléansville et de Mascara, avec embranchement sur Mostaganem. D'un autre côté, continuée du Fondouck jusqu'à Constantine comme il a été dit, les chefs-lieux des trois provinces se trouveront ainsi reliés par terre.

En définitive, les cent quinze mille hectares du territoire d'Alger, comprenant le Sahel et la plaine, sont de cette manière coupés et embrassés par un système de routes assez semblable aux degrés de longitude et de latitude qui s'échappent des pôles d'une mappemonde.

Puis, au fur et à mesure que les travaux de desséchement seront avancés et auront assaini; que les centres de second ordre et les exploitations particulières prendront naissance dans ces riches contrées, le réseau des chemins de grande et de petite vicinalité viendra relier ce vaste ensemble de villes, bourgs, villages et fermes en un tout uni et puissant.

En second lieu, cette première zone coloniale venant à franchir l'Atlas, afin de pénétrer dans l'intérieur, les six routes longitudinales qu'on a vu partir d'Alger bifurqueront successivement, à mesure que s'élargira le territoire fécondé, et finiront ainsi par se répandre dans toute l'Algérie. Tel est l'ordre naturel.

Le système de classement des villages qui résulte de cette combinaison est facile à deviner. Tous les centres de population dont précède l'énumération, et qui s'élèvent à plus de vingt, non compris les villes, trouvent leur place au point d'intersection des routes directes et des routes transversales.

Ainsi, villes et villages communiquent directement avec Alger et sont reliés entre eux sur une même ligne de front.

Ce système est-il bien conçu au point de vue de la défense et de la production?

La production agricole exige la paix et la sécurité, un bon

territoire et des communications faciles. Sauf le Sahel qu'il fallait nécessairement peupler, et qui, du reste, s'enrichira plus tard par le boisement, les terres arables et autres ne laissent rien à désirer sur le territoire d'Alger, de même que dans la presque totalité de l'Algérie. De plus, il n'est pas en France un pays mieux percé de routes.

Au point de vue de la défense, ce mode est complet. Il simule par ses ceintures successives de villages, à partir d'Alger jusqu'aux premiers contreforts de l'Atlas, les murailles et les fossés d'une place de guerre, fossés d'autant plus redoutables qu'ils sont peuplés, mis en production, et que leurs habitants ont à défendre, avec leur vie, des intérêts matériels.

Cet envahissement progressif des populations continentales par masses fortes et compactes, est destiné à soumettre insensiblement et d'une manière sûre, l'Algérie improductive aux bras qui cherchent à la féconder.

C'est ainsi qu'en échelonnant des populations nouvelles à la suite des populations déjà installées, ne s'avançant vers l'intérieur qu'après avoir constitué une force suffisante sur leurs derrières, les colons ne se disséminent pas pour se trouver réduits, sur un vaste territoire, à des efforts isolés ; que la colonisation marche sûrement et peut être dirigée ; que la possibilité reste à l'autorité de préparer les centres où elle désire opérer des peuplements et de choisir les lieux les plus favorables sous le rapport du sol, des intérêts commerciaux et politiques. De cette manière, en un mot, une administration habile fait, en quelques années, ce que des populations livrées à elles-mêmes, dans un pays nouveau, ne parviendraient à réaliser qu'à la suite d'une trop longue expérience et d'une perte de temps et d'argent dont il faut être sobre en Algérie.

Si, maintenant, on cherchait à nous prouver que cet ordre de disposition des villages repose sur une combinaison d'idées arbitraires, prises en dehors des lois naturelles de défense et de développement d'une contrée, nous répondrions avec M. le maréchal duc d'Isly, que les villages, en pays conquis, de même que les soldats, aiment à se sentir les coudes et que les centres Valée, Damrémont, Saint-Antoine pour Philippeville, se couvrant mutuellement sur leurs côtés, et que leurs derrières étant appuyés à un centre fort, se livreront sans crainte à leurs travaux ; que les bourgs projetés du Mafrag, de Sidi-Demdem, de Dréan, du lac Fetzara pour Bone, accoudés les uns aux autres, soutenus par deux lignes postérieures de villages reposant sur un centre commun, le siége de la subdivision ; scellés à la mer d'une part, à l'Edough de l'autre, forment ainsi une masse de défense difficile à percer ; que les reliefs géologiques de l'Atlas étant interrompus par quatre vallées qui livrent passage aux attaques ou au mouvement commercial de l'intérieur, et que des villages étant établis à leur débouché dans la plaine, ceux-ci appuyés sur sept à huit lignes successives de centres jusqu'à Alger, ce massif populeux sera inattaquable.

Ce qui le prouve, c'est qu'Abd-el-Kader, dans ses dernières tentatives, n'a pas eu assez de hardiesse pour se jeter dans la Mitidja. Et, disons-le, contrairement à l'opinion de M. le Maréchal duc d'Isly, ce qu'il redoutait dans la plaine, ce n'étaient pas des coups de fusil, mais il craignait de n'en plus sortir ; ces agglomérations de maisons qui, sous leurs apparences immobiles, peuvent renfermer de grandes forces, parlaient plus haut à son esprit qu'un corps d'armée ; ce qui l'épouvantait dans la Mitidja, c'était de ne plus y trouver le désert, ses derrières et ses côtés vides et libres. Dans cet espace, l'indigène sentait instinctivement qu'il allait se trouver en présence, non plus d'une armée qu'on peut éviter, mais d'un peuple ! Voilà ce qui l'a fait reculer, non l'appât d'une razzia.

La paix et la confiance, un beau territoire et des communications faciles, l'industrie agricole trouve tous ces éléments réunis dans le mode que nous exposons et dans le pays qui en fait l'objet.

Tel est le mécanisme du classement général des villages. D'après le système de M. le Maréchal gouverneur, le même ordre pourrait être suivi, puisque l'autorité coloniserait elle-même ; mais ce système pêcherait par le peuplement, question difficile entre toutes. D'après celui de M. de Lamoricière, le même ordre devrait être abandonné, car l'industrie particulière ne se soumettrait pas à des plans généraux appelés à faire concourir tous les centres à la prospérité des villages voisins tout autant qu'à la leur propre.

Si maintenant nous considérons de plus haut l'ensemble de ces premières bases, voici les tendances et les mouvements ultérieurs que nous trouvons en elles : Guelma pour Bone ; El-Arrouch pour Philippeville ; le Fondouck, Bouffarick, Blida, Coléah pour Alger, se constitueront des banlieues de villages, ou plutôt se les créent en ce moment ; celles-ci rayonneront et envahiront en avant et en arrière, d'une part, tendant vers le littoral, de l'autre, pénétrant vers les villes intérieures.

Si actuellement nous suivons l'enchaînement de cet ordre d'idées dans une sphère encore supérieure, voici le mouvement définitif que nous constatons : on voit se dérouler de l'ouest à l'est, au centre de l'Algérie, une ligne de points forts, alors riches et populeux, tels que Tlemcem, Mascara, Orléanville, Milianah, Médéah, Sétif, Constantine et Tebessah, qui constituent un second point de départ à la colonisation, comme le littoral fut le premier théâtre, le théâtre naturel de ses débuts ; et, tandis que la zone maritime s'avance graduellement vers la zone intérieure, celle-ci vient à sa rencontre alors que, d'un autre côté, elle marche vers les contrées du centre à la jonction du petit désert.

Mais, dans notre opinion, c'est une ambition plutôt bruyante qu'utile de chercher à porter immédiatement la colonisation dans l'intérieur, et tant qu'elle n'existera pas quelque peu forte dans les premières zones du littoral. Pendant bien des années encore ce sera là son siége naturel, parce que les abords de la mer offrent une infinité de ressources qui la rendront plus facile, moins onéreuse, plus productive ; parce que ce littoral est déjà paisible et sûr ; parce qu'on doit constituer une banlieue aux rivages de l'Algérie, comme on en crée pour les villes ; parce que c'est là que se développeront les premières industries d'Afrique et le premier commerce solide ; que si, d'une part, on doit concentrer sur ce littoral des populations pour la colonisation intérieure, de l'autre nous devons y en préparer pour les besoins immenses et si divers d'une zone maritime de plus de deux cents lieues, vers laquelle descendront tous les produits du centre, à laquelle abordera le commerce continental et qui finira par constituer un vaste foyer de production industrielle et de consommation, éléments qui nous conquerront les indigènes beaucoup mieux que des armées et que la colonisation militaire.

D'ailleurs, le littoral colonisé sur une profondeur de vingt ou trente lieues, d'après le système que nous exposons, se passerait de troupes, et fournirait d'un autre côté à l'entretien de celles qui seraient placées sur ses derrières, au front des Arabes ; double résultat qui aurait pour but la réduction des deux tiers de l'effectif actuel et d'exonérer la métropole de sa charge.

C'est donc sur le littoral que l'Etat doit concentrer ses dépenses et ses efforts, au lieu de les disséminer dans les vastes étendues de l'intérieur, où, en ce moment et jusqu'à ce que le littoral soit constitué, ils se trouveraient placés dans toutes les conditions voulues pour l'insuccès. En effet, à vingt ou vingt-cinq lieues de la côte toutes choses ont une valeur double ou triple ; si tout double de valeur pour arriver, il en est de même pour revenir, d'où il résulte : 1° que l'installation de cette colonisation coûtera le double et le triple qu'au littoral ; 2° que la production agricole se trouvera au-dessous du prix de revient de la consommation en matières de toute nature venant du littoral, ce qui la ruinera ; 3° que la production de cette colonisation, toute en céréales et en fruits du sol, placée au milieu des indigènes, sera écrasée par la production infiniment moins chère de ces derniers ; 4° qu'en définitive, le budget continental ne pouvant pas fournir simultanément aux frais de la colonisation militaire et à ceux de la colonisation civile du littoral, celle-ci sera abandonnée ou à peu près, sacrifiée à un faux principe qui, réussirait-il pleinement, ne compenserait jamais le tort causé aux intérêts généraux de l'Algérie et de la métropole, en empêchant la zone maritime de prendre toute l'extension et de réaliser toute la richesse qu'elle pouvait et devait conquérir.

Nous venons d'établir le cadre de la colonisation civile. Cette charpente n'était pas la chose la plus difficile à concevoir, tant s'en faut ; c'est dans le peuplement, dans la manière remplir ce cadre et de le mettre en valeur de production que résident les obstacles dans tous les modes en présence. Nous allons aborder cette question.

VII.

SUITE A LA COLONISATION CIVILE.

Nous venons de dire comment le territoire colonial est fractionné par le réseau des routes et de quelle manière y sont placés les centres de population. Voyons maintenant d'après quelles règles chaque village subdivise son propre territoire et l'emploi qu'il en fait.

Nous ne sachons pas qu'on ait attaqué la nécessité des villages ; aussi ne les avons-nous pas défendus. Sans eux pas de peuplement possible, parce qu'eux seuls assurent la sécurité. Ceci nous porte à regretter que depuis deux ans l'administration n'en ait plus créé, et qu'elle n'ait pas établi ceux de Maraboutine, du Palmier, de l'Arba, de l'Harrach et de la Chiffa au pied de l'Atlas, qui, avec le Fondouk, fermaient définitivement toutes les gorges de ces montagnes aux invasions de l'intérieur. Nous en savons le motif et il sera exposé plus loin.

Si on a lu attentivement nos quatrième et cinquième chapitres, il a dû en résulter la conviction que le peuplement n'étant pas possible par les capitalistes, doit être effectué par l'Etat qui réalise ainsi la production algérienne. Toute la question se réduit dès lors à demander le moins possible à la métropole, et à préparer le succès aux sacrifices qu'elle fera.

On part de ce principe, que dix hectares suffisent à une famille pour ses travaux personnels et pour sa subsistance aisée au point de vue de la production. Dès lors, un village de cent feux se compose d'un territoire de mille hectares. Ce chiffre paraît être bien entendu sous le double rapport des travaux possibles pour un colon et les siens, de leurs besoins et de l'aisance à laquelle ils tendent.

Jusqu'à ce jour, disons-le, l'administration locale s'est montrée un peu trop antipathique à la moyenne propriété, à celle de cinquante et de cent hectares: elle l'a repoussée. Cela tient à ce que les agriculteurs pouvant disposer de ressources suffisantes pour son exploitation fructueuse sont rares, et qu'elle a été fréquemment trompée. Cependant, il faut encore le dire, la moyenne propriété entrait si peu dans ses vues que, même dans de bonnes conditions d'exploitation, elle était disposée à l'exclure, et cela, parce qu'elle ne comprenait que le morcellement pour réaliser le peuplement, son grand but: résultat qu'il faut en effet atteindre, mais qu'il faut aussi faire subsister, alimenter et soutenir, ce qu'elle oubliait trop.

Nous posons donc en principe, qu'auprès de chaque village, c'est-à-dire auprès du morcellement et des petits colons, on doit constituer et encourager la moyenne propriété, non la grande. Nous dirons son but dans quelques instants.

Mais ajoutons que l'administration centrale, prenant le contrepied des idées de M. le Maréchal gouverneur et de M. le comte Guyot, qui, selon nous, apprécient parfaitement les conditions dans lesquelles doit être placée la colonisation civile, est tombée dans une erreur opposée en voulant constituer dès le début la grande propriété, non-seulement sur le territoire des centres, mais encore dans les villages mêmes. A coup sûr, en pareil cas, mieux vaut l'extrème trop exclusif de M. le comte Guyot, que l'extrème opposé du ministère de la guerre. Et, cela, par ce motif tout simple que la grande propriété est impossible en présence des défrichements, comme nous l'avons déjà prouvé; tandis que le morcellement exclusivement pratiqué accomplirait la tâche qu'on se propose, avec plus de peine il est vrai que si l'on admet la moyenne propriété, apportant de l'aisance dans les villages par la main-d'œuvre qu'elle exigera; mais enfin il l'accomplirait.

Il faut donc prendre un juste milieu entre les extrêmes de Paris et d'Alger; exclure la grande propriété impossible faute de capitaux, et parce qu'ils se ruineraient, du reste, dans cette œuvre, et admettre la moyenne propriété qui emploiera les temps perdus des centres, main-d'œuvre dès lors peu chère et qui leur deviendra d'un grand secours.

On reçoit donc, dans les cadres de la colonisation, tous les éléments d'action : bras et capitaux ; mais on les y admet dans d'autres conditions que M. de Lamoricière, et on les y emploie surtout différemment : d'une part, *ils restent indépendants les uns des autres,* principe nécessaire; de l'autre, *ils traitent tous directement avec l'Etat, et ne relèvent que de lui*, considération fort grave : deux points de départ indispensables dont l'ordonnance du 3 décembre prend le contrepied, et qui feront échouer le système d'Oran, comme tendent à le prouver les deux villages de Saint-Charles et de Saint-Jules dans la province d'Alger, entrepris par des capitalistes et qui n'ont pu se peupler.

Mais finissons d'exposer l'ordre de division du territoire de chaque village. A côté du morcellement, disions-nous, l'administration centrale voulait créer la grande propriété, et l'installer dans le centre de population lui-même. Outre l'erreur de vouloir constituer dès le début la grande propriété, cette administration commettait une seconde faute. En effet, un territoire de cent feux, se composant de mille hectares, et les colons habitant son centre, il y a perte de temps pour eux lorsqu'ils sont obligés d'aller cultiver leurs lots à la limite territoriale. On sait que, pour l'agriculteur, le temps est fort précieux et que le laboureur doit être le plus possible à proximité de ses terres, surtout s'il est petit propriétaire et s'adonne à la petite culture, qui exige des soins minutieux et de tous les instants.

Or, un territoire de mille hectares est déjà très-vaste et fort éloigné, dans ses parties extrêmes, du centre commun. Si, sur ce même territoire, vous créez cinq grandes propriétés de deux cents hectares chacune, vous l'agrandissez de mille hectares et reculez encore ses limites; vous enlevez ainsi au petit colon la possibilité de cultiver avec fruit sa concession ou ses fractions de concession situées aux extrémités territoriales. On doit donc grouper les petites concessions au plus près des villages, et en exclure par contre la moyenne propriété.

Cette moyenne propriété exige des bâtiments d'exploitation

qui, par leur étendue et la consistance de leur personnel, peuvent supporter l'isolement, surtout étant entourés de centres de population sur tous les côtés. Ainsi, nous pensons que la moyenne propriété doit trouver sa place entre le territoire des villages, sauf à concéder au propriétaire un lot à bâtir et de jardin dans le centre commun. En de telles conditions, la moyenne propriété ne pourra nuire et rendra des services importants.

Voilà donc le territoire divisé en petites concessions groupées autour des centres, et en moyennes propriétés flanquant le pourtour de leur circonférence territoriale.

Nous dirons plus loin les moyens à employer pour assurer l'affectation des capitaux aux exploitations moyennes; mais constatons ici que la combinaison, dans de sages proportions, de la petite propriété et d'une plus grande en Algérie, offre un grand avantage pour l'intérêt général et privé. La moyenne vit de la main-d'œuvre des villages et fait vivre ceux-ci; elle comble des lacunes et tend à resserrer l'unité compacte et forte du peuplement et de la production; elle est un corps enseignant pour la petite industrie agricole, et la source de produits abondants en matières ne rentrant pas dans le domaine de la petite propriété, d'un si grand intérêt cependant pour la prospérité d'un pays; elle permet aux capitaux, en ayant le désir, d'aborder l'industrie rurale; ceux-ci peuvent l'entreprendre parce qu'ils n'ont plus qu'à s'occuper de leur exploitation, attendu que l'Etat leur a préparé un foyer de bras dont l'installation et l'entretien les eussent ruinés.

VIII.

PEUPLEMENT DES VILLAGES.

Nous avons dit précédemment que les colons à l'aide desquels sont peuplés les villages, se trouvent dénués de ressources, ou à peu près, et qu'il sera difficile d'en avoir d'autres avant bien des années ; qu'il vaut encore mieux accepter ceux qui se présentent en dépit de leur pénurie, que d'attendre les cultivateurs aisés, et, dès lors, que de ne pas peupler. Nous faisons plus, nous ajoutons qu'on ne peuplerait jamais à cette condition ; car les cultivateurs aisés ne pourront s'implanter en Algérie que lorsque déjà il y aura eu bon commencement de peuplement et de production. Cette dernière condition est indispensable aux capitaux et aux petits propriétaires de la métropole, ainsi que nous l'avons déjà prouvé dans le quatrième chapitre.

Comme l'installation sur le sol exige quelques fonds et que nos colons en sont dépourvus, le budget doit donc y pourvoir, et nous croyons qu'il fera par là un bon placement dans l'intérêt de la France. Du reste, ces allocations budgétaires, qu'on le remarque, ne seront pas d'une durée illimitée ; car il ne s'agit que de commencer le peuplement et la production, afin de donner crédit au territoire algérien et de le placer dans des conditions d'exploitation par les capitaux qui, alors, s'y porteront d'eux-mêmes.

Il ne s'agit actuellement que de savoir comment seront employées ces allocations métropolitaines pour être le moins onéreuses possibles, quant à présent, et le plus fructueuses par leurs résultats.

L'intérêt principal de la France et de la Colonie réside incontestablement dans la création rapide, ou plutôt dans la prompte transformation du sol, afin qu'il puisse produire d'une part, et, de l'autre, devenir l'assiette d'impôts réels et réguliers, surtout progressifs et durables. On doit, dès lors, chercher plutôt à immobiliser les faibles ressources des colons sur leurs propriétés, qu'à les faire entrer dans les caisses du trésor ; cela, parce que l'usage qu'en fait alors l'administration dans l'intérêt général, ne compense jamais le préjudice porté à ces intérêts généraux en mettant l'ensemble des colons dans la gêne. Lorsque plus tard le sol aura acquis une valeur de production, que le domaine vende ses concessions, ce sera naturel ; aujourd'hui il y a anachronisme.

Ainsi, nous nous élevons tout d'abord contre l'ordonnance du 21 juillet 1845 qui pose le principe d'une redevance. En supposant même que le concessionnaire en soit exonéré et que l'ordonnance n'ait en vue que de réserver un droit ultérieur d'impôt, le principe est faux. Il est faux parce que l'Etat n'a pas à constater qu'il était propriétaire du sol pour établir des impôts en temps et lieu, et il est dangereux en ce sens qu'il déconsidère une matière improductive et déjà onéreuse, dont on devrait au contraire encourager la transformation.

Nous demandons en conséquence que les concessions soient gratuites, et il est d'autant plus nécessaire de le poser en principe définitif, que l'ordonnance relative à Oran aggrave encore celle du 21 juillet en jetant le système des concessions dans la plus fausse voie qu'il puisse comporter : l'adjudication.

Nous posons en second principe qu'il serait d'intérêt majeur, dans nos tentatives de colonisation, de mettre immédiatement les colons à couvert dès leur arrivée du continent.

En effet, outre qu'ils pourraient sans retard commencer leurs cultures, ils ne se décourageraient point ainsi dans les travaux lents et dispendieux de la construction qui, quoique constituant une valeur médiate à la propriété immobilière, n'en font néanmoins qu'une valeur improductive de laquelle les colons ne sauraient tirer leur subsistance.

Les colons qui arrivent d'Europe obtiennent dans un village un lot à bâtir et une concession rurale, le tout nu. On leur accorde une subvention en matériaux, et d'autres faveurs leur sont faites qui portent la dépense de l'Etat, pour chaque famille, à 1,200 francs.

Il paraît que les Chambres penchent à supprimer les subventions aux colons : c'est que, sans doute, elles comptent sur le concours des capitalistes ; nous croyons avoir démontré tout ce que cette espérance renferme d'illusoire.

Dans notre opinion, les subventions aux colons doivent être maintenues comme par le passé, avec cette différence, qu'au lieu de leur délivrer des matériaux, des semences, des plans, etc., on devrait leur donner la maison construite et quelques hectares défrichés, c'est-à-dire l'abri et un commencement de production, la santé et la subsistance, un gain de temps précieux et une économie pour leurs faibles ressources personnelles.

Avant de prouver que ce mode n'entraînerait pas une dépense supérieure à celle que chaque colon impose aujourd'hui au trésor, disons, en quelques mots, les immenses avantages de ce système :

Les colons qui arrivent d'Europe obtiennent une concession nue et une subvention en matériaux.

D'abord, la délivrance de ces matériaux peut donner lieu à bien des irrégularités et à beaucoup de plaintes contre les agents de l'administration.

Secondement, des colons étrangers au pays, à ses habitudes, isolés du reste, entreprennent leurs constructions ; souvent même ils ne peuvent pas faire emploi de leurs matériaux. Mais, enfin, supposons qu'ils puissent construire à aussi bas prix que l'administration, abouchée avec des entrepreneurs par la voie des adjudications publiques, industriels luttant entre eux pour le plus fort rabais possible, afin d'obtenir l'entreprise, non pas d'une seule maison, mais d'un village ; en supposant, disons-nous, qu'il fût possible à ces colons d'édifier à prix égal, saurait-on calculer tout ce qu'ils dépensent de précieuses ressources en voyages, en tâtonnements, en oisiveté, avant que de commencer leurs travaux réels, ceux qui produisent : les défrichements ! Ne doivent-ils pas être forcés, en général, de grever leurs concessions d'inscriptions hypothécaires avant même leur rendement ? C'est ce qui arrive. Or, si les emprunts ruinent l'industrie agricole dans un pays comme la France, où l'intérêt de l'argent n'est qu'au taux de 5 p. % et où le sol produit, à plus forte raison en Algérie, où le territoire hypothéqué ne produit pas encore, et où l'intérêt s'élève à 10, 15 et 20 p. %.

Il arrive encore que les colons sérieux, pourvus de ressources suffisantes, arrivés en Algérie avec l'intention d'exploiter le sol, trouvant tout à faire, une terre nue, inculte, complétement vide, ne tentent rien parce qu'il y a trop à entreprendre; se laissent séduire, à la suite d'un trop long séjour dans les villes, par la perspective des spéculations, et renoncent à l'agriculture, qui perd dès lors leurs capitaux.

Telles sont les considérations qui ont jeté de la langueur dans le système suivi jusqu'à ce jour, bien que tous ses éléments fussent efficaces. On a péché dans leur emploi: c'est pour cet emploi seulement que nous tracerons des modifications pratiques.

Lorsque les colons arrivent en Afrique, s'ils étaient immédiatement dirigés sur des centres créés, ils s'y établiraient avec la totalité de leurs ressources, pourraient les consacrer sans délai à leur exploitation rurale, et subsister sans embarras ou sans trop de gêne jusqu'à l'époque des produits annuels de leurs concessions; ils ne perdraient pas une année à construire leur abri; une seconde année à défricher quelques hectares qui ne produisent qu'à la seconde ou à la troisième; on ne les exposerait pas aux dangers d'un trop long séjour dans les villes; on n'aurait pas le spectacle des maladies qui les déciment dans l'enceinte d'un village, alors que, sous la tente, ils procèdent à leurs constructions; leur découragement serait évité; les travaux agricoles se ressentiraient bientôt de l'ardeur avec laquelle travailleraient des hommes, ouvriers jusqu'alors, devenus propriétaires du jour au lendemain, et propriétaires d'une chose réelle, constituée, au moment de produire. C'est dans de semblables conditions que le sentiment de la propriété, justement invoqué par M. le Maréchal gouverneur, exercerait son action dans toute sa plénitude; mais, il faut l'avouer, nous avons trouvé le sentiment de la propriété bien tiède chez ces colons, mis en présence d'une concession déserte, avec le pressentiment de tout ce que leurs terres allaient exiger d'eux en peines, en privations et en dangers.

L'administration locale, dirigée par M. le comte Guyot et antérieure aux ordonnances du 15 avril, qu'on a beaucoup attaquée, simple dans ses rouages, du reste fort habile, et qui a fait sans bruit tant de choses, avait tellement senti la nécessité de mettre à couvert les colons dès leur installation sur le sol, qu'elle procéda à un essai en 1844, et fit construire huit maisons aux Chéragas par voie d'adjudication. Chacune d'elles revînt à huit cents francs environ. Ce mode, qui comporte la bonté, la rapidité d'exécution, qui assure l'emploi des allocations, est encore susceptible d'améliorations.

On pourrait faire construire les villages par les condamnés militaires, dirigés par leurs chefs naturels, et cela, d'après les plans de l'administration, comme il a été pratiqué pour Mahelma ; mais on a vendu les maisons de ce village, ce qui a beaucoup nui et devait nécessairement nuire à son développement.

Les condamnés pourraient être mis à la disposition du service des bâtiments civils, qui seul les dirigerait.

Ces deux moyens, signalés pour la forme, ne nous paraissent pas devoir être adoptés, parce qu'ils impliquent l'exécution des travaux par la voie de régie, système vicieux en lui-même, surtout dans la colonie.

Mais le meilleur régime, pour la création des villages, résiderait dans les adjudications publiques. Deux manières d'y procéder se présentent.

La première consisterait, par suite du haut prix de la main-d'œuvre, à faire exécuter les travaux par voie d'adjudication, déduction faite, sur la mise à prix, du montant de la main-d'œuvre qui serait fournie aux adjudicataires. En conséquence, il y aurait nécessité de mettre les condamnés à leur disposition, comme on les met à celle des services du Génie et des Ponts et Chaussées. Il existe des précédents pour de semblables mesures.

La seconde réside dans les adjudications ordinaires, c'est-à-dire dans l'emploi des ouvriers civils par les adjudicataires. Ce mode, tout en encourageant l'industrie privée, comme le précédent, à l'avantage d'occuper un grand nombre d'ouvriers civils, les colons des villages, et de répandre quelque aisance dans les masses travailleuses ; elles en tireraient peut-être profit en faveur de l'agriculture qui immobiliserait leurs gains.

Du reste, ces deux modes pourraient être simultanément employés ; mais, faisons-le remarquer, il y aurait nécessité de ne construire dans les villages que les deux tiers des maisons, voici pourquoi :

Il existe une cinquième manière de procéder à leur construction. On laisserait aux colons qui en auraient le désir, la faculté d'édifier eux-mêmes, l'administration s'engageant à leur solder en numéraire le montant de ses propres maisons, après constatation de la valeur au moins égale des constructions élevées par eux.

C'est d'après les principes qui précèdent que nous comprenons les premières lois du peuplement dans de bonnes conditions d'avenir. On peut nous dire qu'en Amérique, par exemple, le peuplement s'est opéré sans tant de frais et d'embarras pour le pouvoir. Il serait trop long d'établir la différence de situation des deux pays ; les circonstances qui ont favorisé l'un et qui n'existent pas pour l'autre; les avantages qu'a pour l'Amérique son éloignement du continent. En Algérie, il faut que vous colonisiez, afin que l'on colonise après vous.

Comme on le voit, notre système, ayant pour but d'abriter les colons dès leur établissement sur le sol, est le même que celui de M. le Maréchal gouverneur, avec la différence des institutions. M. le Maréchal a depuis longtemps compris la nécessité de cette mesure fondamentale.

Mais, peut-on nous dire, — cela nous a été objecté en Afrique, — les colons préfèrent construire eux-mêmes leurs habitations, parce qu'ils les approprient à leurs goûts , à leurs besoins et que, d'un autre côté, ils les mettent en rapport avec leurs ressources et leur exploitation.

En premier lieu, nous avons fait observer qu'un tiers des maisons, dans chaque village, serait réservé pour cette catégorie de colons. Nous ajoutons que cette proportion est déjà fort élevée et que les autres deux tiers seront heureux de n'avoir qu'à mettre la main à l'œuvre dans les champs dès leur installation. En second lieu, les concessions étant à peu près égales dès le début, quelquefois doubles seulement, jusqu'à ce qu'elles aient été mises en valeur, avec toute latitude du reste pour les accroître au fur et à mesure de leur mise en produit, les lots à bâtir du village et les constructions qu'il est successivement possible d'y élever, suffiront toujours aux exploitations agricoles que comportent des débuts en colonisation, surtout dans un pays à défricher de fond en comble, ce qui implique lenteur.

Ici vient prendre place le développement d'un principe que l'autorité locale oubliait peut-être trop, en désirant la construction de belles maisons dans les villages.

Dans l'Algérie rurale, on devrait s'abstenir de consacrer des capitaux trop considérables aux constructions. Ils sont et y seront nécessairement longtemps encore, des capitaux morts, sans résultat. En principe, les constructions agricoles doivent être proportionnées aux produits et revenus des propriétés foncières qui en dépendent. Or, ces biens-fonds ne produisant encore rien ou que peu de chose en Afrique, et l'industrie agricole, appelée à prédominer dans ces contrées, par suite du climat et des besoins de la France, devant asseoir ses bases sur d'immenses plantations, elle exige que le colon dispose de ressources suffisantes, afin de pouvoir attendre, sans embarras, les produits de ces plantations, lentes à venir et dispendieuses pour leur entretien.

Le commerce français importe pour quarante millions de soie et pour trente millions d'huile. Il est évident que, lorsque notre production algérienne pourra fournir la totalité de ces matières premières, les plantations dont nous parlons rendront de gros bénéfices à leurs propriétaires. On doit donc beaucoup planter en Algérie ; mais, nous le répétons, ce genre d'industrie comme tant d'autres, demande une assez forte somme d'avances de la part des colons, par suite encore des difficultés du défrichement et du haut prix des travaux préparatoires que nécessite l'installation des exploitations agricoles de toute espèce.

Or, si, par la nature même des industries rurales spécialement propres à l'Afrique française, le colon est appelé à attendre quelques années ses produits ; si, d'un autre côté, il est rationnel que, après une longue attente, il veuille récupérer rapidement des sacrifices assez considérables, évidemment il doit préparer la plus forte somme possible d'éléments de production. Dès lors, ne doit-il pas consacrer toutes ses ressources aux travaux pouvant donner des résultats, des revenus ? Ces travaux ne sont-ils pas l'exploitation, la transformation du sol, les cultures, les plantations ? Pourquoi donc ferait-il des constructions importantes ? Que lui produiraient-elles ? Ne consommeraient-elles pas sans restituer par suite de leur dégradation journalière et de leur absorption d'un capital sollicité par l'agriculture, par la source unique d'alimentation ?

D'un autre côté, n'y a-t-il pas imprudence à préparer des constructions importantes pour l'exploitation d'une concession dont on ignore l'avenir, soumise à une infinité de chances aléatoires ? Sait-on ce qu'elle produira ? Surtout ce qu'elle peut produire ? Dès lors, sur quelles bases établir l'appropriation des immeubles bâtis ?

En conséquence, les constructions actuelles ne doivent être

considérées que sous un point de vue provisoire. On doit chercher à s'abriter, voilà tout. Moins vos maisons rurales coûteront, plus vous pourrez jeter de capitaux sur le sol, plus, dans un temps donné, seront considérables vos revenus.

D'ailleurs, disons-le, mieux vos propriétés seront aménagées pour produire dans l'avenir, et plus déjà sera grande leur valeur; car les colons et l'autorité devraient se pénétrer de ce fait : une ferme tire bien moins son importance, surtout en Afrique, des constructions élevées sur elle que de la manière dont sont préparées ses terres. La preuve, c'est que, dans l'achat d'une propriété rurale, les constructions ne sont comptées pour rien. Ces constructions ne sont que les auxiliaires du sol, tandis que celui-ci les alimente; celui-ci doit donc être leur régulateur et régler leurs proportions sur les exigences de ce qu'il peut produire. On ne saurait transgresser, sans danger, ces lois agronomiques.

Ainsi, les constructions n'étant considérées que sous un point de vue provisoire, il importe peu qu'elles remplissent ou non immédiatement tous les désirs des colons. L'essentiel, pour eux, c'est d'être à couvert dès le début de leur séjour en Algérie et de pouvoir, de suite, défricher et préparer la production.

Puis, au fur et à mesure que la propriété foncière produira, qu'elle mettra les colons dans l'aisance, ils jouiront de son bénéfice et porteront l'auxiliaire du sol, c'est-à-dire les constructions, au niveau de ses produits. Dès lors seulement les capitaux seront bien placés dans les bâtiments agricoles, parce que, alors seulement, ces constructions concourront à une fin productive.

En définitive, on ne saurait trop mûrir ce principe que l'exploitation du sol, qui seule alimente, doit précéder la grande construction rurale, et que celle-ci n'ayant de valeur que par suite de l'état de son territoire, du moment que ce territoire est improductif, on doit peu faire pour ce qui ne sert finalement qu'à exploiter des produits.

Nous résumons ainsi ce qui précède : concessions gratuites; abriter les colons dès leur installation rurale; créer les villages à l'aide d'une combinaison judicieuse des cinq moyens ci-dessus exposés et dans lesquels l'adjudication devrait jouer le plus grand rôle; ne pas attacher trop d'importance aux constructions; porter les capitaux dans la préparation du sol pour produire.

IX.

CONTINUATION DU PEUPLEMENT.

Dans les conditions dont précède l'exposé, le peuplement devient facile et renferme des chances d'avenir, double résultat qu'il s'agit de constater.

Mais avant, complétons l'analyse des moyens que doit employer l'administration pour bien asseoir l'assiette des villages.

Aujourd'hui, les travaux de défense des centres absorbent la moitié des allocations affectées à leur établissement. En quoi consistent ces travaux ? Sont-ils partout nécessaires ?

Les travaux dont il s'agit sont un fossé de ceinture pour les villages situés à la limite extrême de la colonisation, ce fossé soutenu d'une muraille. Pour ces villages, la défense est bonne, parce qu'ils sont situés sur le front d'attaque des indigènes.

Mais nous ne comprenons pas le fossé qu'on établit autour des centres situés en arrière de cette première ligne. D'une part, ce fossé ne présente aucune garantie de défense ; de l'autre, il n'est pas présumable que les Arabes franchissent la première ceinture des villages fortifiés pour s'engager dans le réseau des routes, des bourgs, des fermes, etc., au milieu d'un pays peuplé; en second lieu, il suffit d'une agglomération de maisons et du voisinage d'autres centres pour les tenir éloignés. Nous demandons, dès lors, la suppression des fossés pour les villages ne formant pas front de ligne extrême à la colonisation. Il résulte de cette mesure une économie de moitié dans la dépense d'installation des centres. Sur cette bonification, nous proposons de prélever quelques fonds dans l'intérêt des défrichements. Examinons.

Un centre de population de cinquante feux comportera la construction des deux tiers des maisons par l'autorité, c'est-à-dire, trente-deux. Portons chaque maison à 1,000 fr. au lieu de 800, chiffre cité pour les Chéragas; en tout, 32,000 francs. A raison de 1,200 par colon, d'après le système actuel, il revient encore à chacun d'eux 200 francs. Les travaux de défense de ce village reviendraient au moins à 100,000 francs, somme économisée.

Nous établissons actuellement en fait que si les travaux de défrichement étaient mis en adjudication, ils ne coûteraient pas plus de 300 francs l'hectare. Avec le concours de l'armée, ils reviennent à près de 800 francs, ce qui nous porte à ne pas en désirer l'emploi. L'armée affectée aux travaux publics en Algérie est très-utile, parce qu'elle fournit une grande masse de bras; mais on aurait peut-être tort de croire qu'elle opère avec la même économie que les ouvriers civils, ce qu'on ne manquera pas de nous contester, et qui est cependant exact, bien que ces ouvriers reçoivent des salaires quatre et cinq fois plus forts que le soldat. Et cela doit être, attendu que le travail manuel pour la troupe ne peut constituer qu'un délassement. Dès lors, faites défricher deux hectares pour chaque lot construit ou non. Tout lot bâti vous revient à 1,600 francs : vous avez excédé de 400 francs les allocations actuellement fournies aux colons. Mais, en définitive, il y a économie pour le trésor, puisque cet excédant est prélevé sur les frais de défense.

Chaque maison du village est donc pourvue de deux hectares défrichés sur les dix qui lui reviennent. Vous avez abrité et commencé la production, but essentiel et primordial. Votre centre ainsi préparé vous coûte 62,000 francs, et le dernier tiers des concessions non bâties du village est également enrichi de deux hectares défrichés par lot, ce qui leur donne plus de valeur et constitue un appât pour les hommes à ressources.

D'après le système actuel, un village de cinquante feux donnerait lieu, terme moyen, à une dépense de 250,000 francs, et, après cette dépense, le sol se trouverait encore complétement nu ! Rien n'assurerait le bon emploi des allocations ; elles pourraient être perdues pour la colonisation et pour le trésor !

D'après nos idées, vous en avez vous-même assuré l'emploi ; vous avez créé un village ; commencé le défrichement de son territoire et dépensé 62,000 francs ! Et cette somme ne sera pas dépassée, puisque le système des adjudications réalise, sans variations, les chiffres portés aux devis et aux cahiers des charges.

Ainsi préparées, les concessions auront une valeur, ce qui ne doit pas être un titre à la vente. Elles doivent être un titre ou un appât pour attirer des concessionnaires pourvus de quelques ressources. Et si, par ce moyen, vous attirez des capitaux, leur immobilisation dans la concession sera pour le trésor et pour la colonie la meilleure vente qu'ils puissent faire. Qu'on se pénètre bien de cette grande vérité, car ce don gratuit qui a jeté des capitaux sur le territoire, où ils se sont immobilisés, a préparé des impôts annuels et progressivement ascendants pour l'avenir. Sachez donc tout sacrifier à cet avenir, et ne demandez rien au présent, qui ne peut, qui ne doit rien produire encore pour vous. Laissez la colonie s'enrichir, car sa prospérité est celle de la métropole et l'intérêt des fonds que celle-ci lui alloue.

Lorsque vous aurez ainsi constitué les concessions, procédez au peuplement.

Un colon qui, en s'établissant sur sa concession, disposera en minimum d'une somme de 600 francs, aura les plus grandes chances de succès, tandis qu'aujourd'hui, avec cette somme, il ne peut rien faire. On devra donc exiger des demandeurs la justification de 600 francs.

En France des renseignements pourront être demandés aux préfets comme par le passé ; ceux ci devraient être chargés de faire connaître au public rural les nouvelles conditions dans lesquelles seraient placées les concessions en Algérie ; mais il y aurait lieu surtout d'exiger la justification précitée *au port d'embarquement,* avant la délivrance du permis de passage. Pareille justification aurait lieu au moment de la prise de possession de la concession.

A l'aide d'une somme aussi minime que 6oo francs, nous n'ignorons pas que, dès les débuts, les colons se trouveront dans la gêne et que les villages ne seront pas exempts de misère. Quel que soit le mode employé on en trouvera toujours; car elle est plus ou moins le propre de toute consommation sans production. Mais la misère est la consommation et celle-ci force à la production. C'est une triste nécessité à subir : elle ne sera que transitoire, ce qui en établit la compensation.

Le devoir de l'administration consiste à prendre toutes les mesures nécessaires pour s'assurer des ressources des colons : elle sera trompée par eux comme par les capitalistes d'Oran; mais enfin elle aura rempli la première loi de sa tâche dans l'intérêt du peuple rural. Dans l'intérêt de la colonisation il lui en restera une seconde. Dès le début du peuplement des villages, et jusqu'à la délivrance des titres définitifs, elle devra surveiller rigoureusement les travaux. Ce contrôle, fait avec intelligence et activité, la mettra à même d'apprécier et les véritables ressources des colons et leur bonne volonté.

Par la faculté des évictions qui lui est réservée, elle sera en mesure de purger les centres des hommes de mauvaise volonté ou trop dénués pour réussir. Les travailleurs évincés passeront au rang des ouvriers et constitueront la main-d'œuvre rétribuée des villages. Ces mesures sont toujours regrettables, mais l'intérêt général les commande.

Pour les colons sérieux et pourvus de ressources suffisantes : 6oo francs, au moins, et dans les conditions où nous plaçons les concessions on en trouvera bon nombre, voici comment nous comprenons les règles de la colonisation.

En premier lieu, il nous semble que l'ordonnance du 21 juillet doit être modifiée et rendre au Gouverneur général la faculté de faire directement les concessions dans les villages, cela, jusqu'à concurrence de vingt-cinq hectares au moins, sauf présentation ultérieure au Ministre des cadres du peuplement. Pour notre compte nous ne saurions saisir la portée ou le but de l'ordonnance actuelle qui, d'un autre côté, entrave certainement le service sans résultat utile.

Dans ses titres de concession provisoire l'administration devra spécifier nettement les travaux de mise en valeur agricole auxquels seront astreints les concessionnaires.

Maintenant faisons observer que les colons, afin de parer à leur défaut de fonds, ont longtemps joui de la faculté de contracter des emprunts avec inscription hypothécaire sur leur concession provisoire. On doit interdire tout emprunt de cette nature, voici pourquoi :

Une concession provisoire appartient encore au domaine de l'Etat. Elle n'appartiendra au colon que lorsque son travail personnel ou ses capitaux la lui auront acquise par la mise en valeur. Alors seulement il pourra en disposer.

Or, autoriser les inscriptions hypothécaires, c'est aliéner, en faveur de celui qui n'y a aucun droit, une propriété de l'Etat; c'est exposer les concessions à passer dans le domaine des prêteurs, c'est-à-dire, du brocantage industriel. Et cela, parce que les prêts dont il s'agit sont faits à un taux usuraire, dont l'agriculture ne saurait jamais se relever. En définitive, cette faculté enlève à l'administration la libre disposition des concessions, qui lui échappent et passent encore improductives aux mains du premier venu, tandis que l'autorité ne doit abandonner leur tutelle qu'au jour de leur mise en valeur.

Pour les colons qui ont déjà fait quelques travaux sur leur concession et qui ne peuvent plus l'exploiter faute de ressources, il existe un moyen de récupérer leurs avances : celui des substitutions; mais, faisons-le remarquer, l'administration avait trop fermé les yeux jusqu'ici sur les conventions respectives des parties contractantes, en permettant aux substituants de faire entrer en ligne de compte, dans la vente, les allocations fournies par l'Etat. Ces allocations sont acquises à la concession avant la délivrance du titre définitif et n'appartiennent pas encore au concessionnaire. Il ne peut donc les vendre.

Lorsque l'administration autorisera des substitutions, elle devra donc veiller à ce que la seule plus-value donnée à l'immeuble par le concessionnaire primitif, fasse l'objet de l'indemnité due par le substitué : cela, parce que la question de droit l'exige, d'une part, et que, de l'autre, on doit toujours chercher à placer le travailleur sérieux dans les meilleures conditions possibles d'exploitation en lui économisant ses ressources.

Jusqu'ici on avait accordé aux colons les plus nécessiteux des semences, quelques instruments aratoires, des bœufs de labour communs à chaque village. Ce mode renferme un petit nombre d'avantages et beaucoup d'inconvénients : nous pensons qu'il ne devrait plus être usité.

Mais nous croyons que les pépinières du Gouvernement devraient continuer à fournir gratuitement à tous les colons indistinctement un nombre déterminé de plans d'arbres par hectare, et il y aurait lieu d'en faire surveiller rigoureusement la plantation par les inspecteurs de la colonisation. Du reste, ces plans ne seraient délivrés que sur la production d'un certificat du maire constatant que les trous appelés à les recevoir sont creusés. Le reboisement de l'Algérie commande à l'Etat le sacrifice dont il s'agit et à l'administration une sollicitude toute particulière pour tout ce qui peut en amener le succès.

Nous avons parlé des doubles concessions qui pourraient être faites : expliquons-nous.

Il est certain que les concessions préparées par l'autorité comme il a été dit, attireront en Algérie un grand nombre de colons. Si nous avons fixé à 6oo francs le chiffre minimum des ressources exigibles, c'est qu'il faut élargir autant que faire se pourra les bases sur lesquelles reposent les moyens de peuplement. Du reste, ce chiffre devra être évidemment augmenté ' à mesure que les migrations prendront crédit.

Mais dès le principe il se présentera des colons pourvus de capitaux excédant l'exploitation de dix hectares : ceux-là devront recevoir des concessions doubles. Ils tiendront le juste milieu entre le petit colon et celui à qui reviendra la moyenne propriété : leur place est naturellement marquée dans le village parce qu'on ne saurait les établir en dehors, et qu'ils ne peuvent en rien nuire au peuplement et à l'exploitation territoriale des centres. Ces agriculteurs recevront une fraction de la part de terres afférente aux lots urbains concédés à ces petits industriels qui s'établissent dans chaque village pour fournir à ses besoins.

Lorsque ces colons auront mis la totalité de leur concession en valeur, il leur sera loisible de l'accroître à l'aide des évictions prononcées, ou par suite des substitutions que l'autorité devra toujours autoriser en faveur d'hommes déjà éprouvés; mais, en principe, il ne faudra autoriser la formation de la grande propriété qu'au fur et à mesure que les parties déjà possédées auront été mises en produit. Alors la grande propriété ne sera plus un danger et deviendra utile : elle aura été placée dans les conditions voulues pour recevoir des fermiers ; elle ne nuira ainsi ni au peuplement ni à la transformation territoriale : elle aidera puissamment les villages. Débuter par la grande propriété, ce serait ou s'exposer à ne pas trouver des capitalistes, ou à dépenser sans compensation d'énormes capitaux dans l'œuvre rurale, tandis qu'elle peut être accomplie par le capital des bras travaillant pour son propre compte.

Nous venons de poser sommairement les principes relatifs au peuplement des villages : ce qui nous resterait à dire n'aurait pour but que des questions de détail ayant trait à l'application : il est donc inutile de s'y arrêter. Passons à la moyenne propriété.

On a remarqué sans doute que les substitutions, dans la colonisation civile, délivrent celle-ci de l'inconvénient des veuves par suite des indemnités que leur soldent les substitués, obstacle que ne surmonte pas la colonisation militaire.

X.

DE LA MOYENNE PROPRIÉTÉ.

Nous avons donné les motifs qui empêcheront la grande propriété de réussir à Oran, comme partout ailleurs en Algérie. L'une de ces considérations est fondée sur les charges qu'imposera le peuplement aux capitalistes. L'administration centrale, en donnant cours au système de M. de Lamoricière, mue, du reste, par l'esprit des chambres, a trop perdu de vue qu'une grande concession exige, pour sa propre exploitation, sans autre charge que les dépenses sollicitées par sa mise en valeur, des déboursés immenses qui, loin de lui donner un prix dès le début, en font un très-lourd fardeau, fort incertain dans ses résultats et dans les dédommagements espérés.

Cela tient à ce que la chambre, qui n'a point pratiqué en Algérie l'administration active des intérêts coloniaux, attribue une grande valeur actuelle au territoire rural improductif, et croit accorder de grandes faveurs à un capitaliste en lui délivrant une concession de mille hectares, par exemple. Par suite de cette erreur, elle veut qu'on impose des conditions ruineuses, que les seuls imprudents accepteront.

D'après ce qui précède, on a pu voir que nous envisageons les intérêts coloniaux sous un tout autre point de vue, établissant en principe que le peuplement doit émaner de l'Etat, que les concessions doivent être gratuites pour tous.

Partant de ces données fondamentales, voici comment nous comprenons la formation de la moyenne propriété, mode que l'autorité eût pu mettre en pratique, afin de ménager quelques chances de succès au système d'Oran.

La moyenne propriété, composée de cinquante à cent hectares, trouve sa place entre le territoire des villages. Elle se crée ainsi par la main-d'œuvre des temps perdus de chaque centre. Nous disons des temps perdus, pour bien constater que cette main-d'œuvre ne sera pas exigible d'une part, et que, de l'autre, elle sera moins chère. D'un autre côté, cette moyenne propriété exige la présence d'une moins forte somme de capitaux, et il est avéré qu'on trouvera plus de petits capitalistes que de grands.

Une propriété de cent hectares, par suite de l'économie que comporte un étroit espace à surveiller, par suite encore de ce fait, que tout homme entreprenant la transformation de cent hectares le fera par lui-même, présent à toutes ses opérations, cette propriété n'exigera peut-être qu'une mise de fonds de 50,000 francs.

Comme le petit capitaliste dont il s'agit ne sera grevé d'aucune charge d'acquisition de sa propriété, d'aucune charge de peuplement, nous le croyons placé dans les conditions voulues pour réussir. Ne nous occupons donc plus de ses intérêts privés ; assurons-nous de ses ressources et de la transformation du sol dans l'intérêt général.

Il existe un moyen très-simple d'atteindre ce résultat. L'ordonnance du 3 décembre, relative à Oran, établit ce principe : que les capitalistes devront justifier d'un crédit sur une maison de banque, ou opérer un versement dans une caisse publique. La faculté d'user du premier mode exclut le second, et le premier est illusoire, comme nous l'avons démontré.

C'est donc un versement dans une caisse publique qu'il faut exiger : voyons dans quelles conditions.

Nous avions déjà signalé le système qui va suivre à l'administration centrale depuis longtemps. Il aurait pour but : de diviser la concession de cent hectares, par exemple, en trois parties. Le premier tiers serait concédé à titre provisoire ; les deux autres tiers ne devraient l'être qu'à titre de promesse écrite de concession provisoire.

D'un autre côté, le petit capitaliste serait tenu d'opérer dans une caisse de l'Etat, au siége administratif de la situation de l'immeuble, le versement du tiers de la somme totale nécessaire pour l'exploitation de l'ensemble de la concession. Il jouirait donc, à titre provisoire, du tiers de cette concession, et verserait la somme voulue pour sa mise en valeur. La production de ce premier tiers serait dès lors assurée.

Mais, faisons-le remarquer : d'une part, l'administration n'engage qu'un tiers de la concession; de l'autre, elle n'exige que le tiers de la somme nécessaire pour la transformation du territoire concédé. Elle ne gêne donc pas le capitaliste, tout en réservant ses propres droits, et assure cependant à celui-ci une concession des deux tiers plus élevée que ce qui a été exigé de lui en garanties immédiates : premier point.

Actuellement, le capitaliste se mettant à l'œuvre sur le tiers provisoirement concédé devra jouir de la faculté de retirer successivement de la caisse publique les fonds déposés pour les consacrer à sa concession. Les inspecteurs de la colonisation s'assureront, non d'une manière inquisitoriale, mais administrativement, que les fonds retirés de la caisse reçoivent bien l'affectation qu'ils ont pour objet.

Dans le cas de détournements trop sensibles, l'administration adresserait au capitaliste des observations, et si, dans le délai déterminé au titre de concession, la mise en valeur ne se trouvait point effectuée, elle pourrait user, s'il y avait lieu, de son droit d'éviction sur le premier tiers, et disposerait des deux autres, seulement promis. Voilà pour les mesures coërcitives.

Mais supposons la bonne volonté des colons et l'emploi effectif des capitaux versés. Voici pourquoi nous n'exigeons que le versement d'un tiers de la somme totale, et pourquoi nous subdivisons la concession, délivrée à deux titres différents.

D'abord, afin de ne pas gêner le capitaliste et de lui faciliter la réalisation de ses fonds ; en second lieu, pour le mettre à même de faire un essai sur une petite échelle avant d'entreprendre de plus grands travaux et d'engager une plus forte fraction de sa fortune, ce qui sauvegarde ses intérêts et vient en aide à sa prudence. Si, après la mise en valeur du premier tiers de la concession, il désire en rester là, ce premier tiers lui est concédé définitivement et le reste fait retour à l'Etat.

S'il désire continuer, l'administration lui délivre, à titre provisoire, le second tiers, et n'exige plus de lui le dépôt de ses fonds dans une caisse publique ; mais, d'un autre côté, elle ne délivre pas le titre définitif pour le premier tiers mis en valeur, qui, dès lors, *cautionne* le second.

Cette dernière mesure serait d'autant plus efficace, que le premier tiers fécondé représenterait une somme supérieure aux fonds absorbés par lui ; que le concessionnaire y tiendrait plus encore qu'à ses capitaux employés ; qu'elle éviterait aux capitalistes l'embarras d'un versement et la gêne résultant pour eux des retraits.

Mais la grande efficacité du mode que nous exposons ressort de ce principe : qu'il s'agit seulement d'attirer les capitaux dans le domaine rural pour leur en faire sentir le prix. Une fois l'œuvre commencée par eux, si on les place dans les conditions avantageuses précédemment exposées, ils la continueront ; mais la chose essentielle est de la leur faire entreprendre.

Or, nous sommes fondés à croire que les sommes dépensées dans le premier tiers d'une concession appelleront les deux autres tiers. Ils s'y porteront bien plus rigoureusement si le moyen de garantie que nous signalons est employé. En définitive, à mesure que les travaux d'exploitation élargiront leur base, la caution de l'Etat devenant plus importante, imposera au colon une plus grande vigilance pour conquérir désormais le domaine productif à l'aide de la mise en valeur des dernières parties de sa concession.

Le mode que nous signalons est fort simple et paraît être rationnel. Dans de semblables conditions, vous pouvez essayer de la moyenne propriété. Vous prenez tous les moyens pour assurer l'emploi des capitaux, et n'imposez à ceux-ci que des charges résultant de leur propre intérêt.

XI.

ORDONNANCE DU 1er OCTOBRE 1844.

Nous nous étions proposé de passer sous silence l'ordonnance du 1er octobre ; mais elle est tellement liée à la question de colonisation qu'il est impossible de ne pas en dire un mot.

Cette ordonnance partait de deux données, toutes les deux bonnes en principe, mais faussées par suite de l'extension octroyée à leur application. L'ordonnance ultérieure du 21 juillet en a laissé subsister une dans tout ce qu'elle a d'erroné, a rectifié l'autre, mais en même temps l'a viciée en y introduisant une disposition diamétralement opposée au premier principe du droit civil de la France, qui est celui de l'Algérie.

En effet, l'ordonnance du 1er octobre avait pour but la constitution de la propriété et déférait le jugement des questions y relatives, entre le domaine et les particuliers, aux tribunaux ordinaires. Sous ce premier point de vue les dispositions législatives dont il s'agit ne méritaient que des éloges.

Mais cette ordonnance n'aurait dû être applicable qu'au domaine rural, où la propriété n'a encore reçu aucune grande sanction ; où nous trouvons les seules usurpations réelles, où elles nuisent à la chose publique. Dans les villes, leurs banlieues, les communes déjà constituées, les intérêts privés sont fort nombreux, possèdent le territoire, se sont mutuellement contrôlés, ont opéré des bornages, des transmissions immobilières multipliées. En un mot, il y a ici chose accomplie et prospère : on devait la respecter. Ainsi, cette première donnée de l'ordonnance, bonne en principe, recevait une fausse application et devait soulever contre elle toute l'Algérie, surtout sa fraction la plus sérieuse.

Quant à la seconde, relative aux expropriations, il fallait la pourvoir d'une application complétement opposée à la précédente et ne l'étendre qu'aux villes, leurs banlieues et aux communes; en un mot, qu'aux choses véritablement constituées.

En effet, cette seconde donnée règle très-rigoureusement en faveur des propriétaires les garanties relatives aux expropriations dans *tout le ressort de la juridiction civile.* Cette disposition devait être accusée d'inopportunité par l'autorité locale, car elle arrivait avant son temps.

Ce n'est pas au moment où la propriété est revendiquée par le domaine jusqu'à concurrence de preuves contraires par titres ou par la production du sol, que doit être promulguée une loi garantissant cette propriété. On devait attendre la fin des opérations ou ne la rendre applicable qu'aux immeubles reconnus, laissant les autres sous l'empire de l'arrêté du 9 décembre 1841. Mais, comme nous l'avons déjà dit, il était et plus simple et plus rationnel de reconnaître immédiatement la propriété dans les limites ci-dessus mentionnées et d'y rendre aussitôt exécutoires les dispositions ayant trait aux expropriations. Sans nuire aux intérêts généraux, elles sauvegardaient alors strictement des droits incontestables et d'autant plus réels qu'ils s'appliquaient à des immeubles produisant pour la colonie et concourant à sa prospérité.

L'ordonnance du 21 juillet, disons-le, a reconnu la propriété partout où le territoire est constitué par des villes, des centres et des communes; mais cette ordonnance n'a fait qu'un pas et a commis deux fautes.

En premier lieu, elle exige pour le domaine rural, non constitué, la production des titres de propriété; mais elle en défère le jugement à un conseil administratif, erreur contre le droit public d'autant plus regrettable qu'elle nous fait rentrer dans le régime exceptionnel après nous en avoir retirés, et, cela, à l'égard du premier principe de notre droit métropolitain qui, le premier, se soit introduit en Algérie, tant il est puissant.

En second lieu, elle laisse subsister les dispositions relatives aux expropriations pour toute l'étendue du territoire civil, faute capitale qu'il faut démontrer, car elle entravera la colonisation.

L'ensemble du territoire compris dans les limites de la juridiction civile est-il peuplé? Non. Dès lors, peut-il être transformé et produire? Non. Cependant le peuplement, et, par suite, la production, ne sont-ils pas les plus grands intérêts de l'Algérie et de la France?

Eh bien! en étendant votre loi des expropriations aux limites du territoire civil, au lieu de borner son action aux limites des territoires déjà *constitués par la création des centres*, vous avez sacrifié l'intérêt général à quelques intérêts privés.

Et même, qu'il nous soit permis de le dire, l'arrêté du 9 décembre 1841 ne sacrifiait aucun intérêt privé, et son exercice n'eût nui en rien aux propriétés reconnues, situées en dehors du territoire constitué, placé sous la protection de l'ordonnance du 1er octobre; mais cet arrêté facilitait à l'administration la formation du territoire des nouveaux centres, ce qu'il ne fallait pas perdre de vue.

Comme on le voit, nous établissons une distinction parfaitement marquée entre les deux territoires situés dans la juridiction civile. L'un, le vrai territoire civil, celui qui est préparé pour l'avenir, dont l'administration n'a plus à s'occuper, déjà livré à l'industrie privée avec son peuplement; l'autre, le territoire civil de nom seulement, sur lequel l'autorité va porter ses travaux et l'élément d'avenir : le peuplement, par la création des centres.

Pour le premier, nous demandons la reconnaissance de la propriété sans restriction, et la loi d'expropriation. Pour le second, nous demandons la vérification des titres et l'arrêté du 9 décembre 1841, qui garantit suffisamment les droits des propriétaires et laisse plus de latitude à l'administration.

Quant à l'intervention du comité du contentieux dans le jugement des questions de propriété, c'est une faute malheureusement accomplie et qu'on doit subir; mais nous croyons qu'il eût mieux valu augmenter le personnel des tribunaux, cela transitoirement, que d'abdiquer un principe fondamental pour la garantie des intérêts civils de toute nature.

OBSERVATIONS.

Dans le premier chapitre de ce travail, nous avons exposé l'ordre de production d'un Etat naissant par l'agriculture d'abord, par l'industrie ensuite, et par le commerce en dernier lieu.

L'œuvre qui précède est consacrée à l'agriculture. Il nous reste actuellement à traiter, dans un travail semblable à celui-ci, les questions industrielles fondées sur la production des matières premières, et les questions commerciales, au point de vue du commerce intérieur et extérieur en Algérie. Nous devrons finalement, alors, aborder quelques grandes questions de travaux publics.

Cette seconde partie de la tâche que nous nous sommes imposée sera accomplie en collaboration avec M. Edmond Bouvy, précédemment attaché au Ministère du Commerce et de l'Agriculture, aujourd'hui à la Direction des affaires d'Algérie, homme profondément versé dans ces matières et dont les études donneront une nouvelle autorité au travail en projet.

Paris, Imprimerie de Paul Dupont,
Hôtel des Fermes.

www.ingramcontent.com/pod-product-compliance
Lightning Source LLC
Chambersburg PA
CBHW061355060726
47597CB00003B/882